教会に聞く

―日本聖公会の教会問答を読み解く―

2018年改定新版

竹内謙太郎

はるかぜ書房　　みつば新書

Kyôkai-Ni-Kiku
Listening to the Church

- The Reading of the Catechism
of the Anglican Episcopal Church in Japan -

© 2018

Bartholomew
Kentarô Takeuchi

Mitsuba-shinsho

Harukaze-shobô, Tokyo
http://harukazeshobo.co.jp

はじめに

　本書は当初、日本聖公会に属する東京聖三一教会、聖アンデレ教会において「入信の式」受領を志願する方々の準備のために作成し、準備の話し合いに先立って志願者の皆さんに予め目を通していただくために用意したテキストを改稿して、一般向けの書籍としたものです。これから入信や堅信・他教派からの転会の式をお受けになる方、またキリスト教について改めて勉強しようとする方の手引きとして、さらには、キリスト教他教派の方や非キリスト教徒の方で、聖公会とはどのような教会なのか興味を持たれた方の入門書・参考書として、広くお役に立てることを願っております。聖職・信徒のみなさんにおかれましては、教導者・また教父母や教会の先輩として、入信式や堅信式などの準備テキストやお祝いのプレゼントとされることもあると期待いたします。

　また、青少年のみなさんは、もしプレゼントや教会の書棚などで本書を手に取ることがあったなら、すぐに全体を読みきるのは少し難しく感じるかも知れませんが、教会や人生での様々な学びの中で疑問点に当たったとき、「事典」のように気になった箇所を少しずつひもといて読んでいただければと思います。きっと、いつか信仰と人生の助けになることと思います。

　このように、聖公会にゆかりや興味のある様々な方々の、信仰・学び・人生の道しるべの一つとして、広くおおぜいの方々が、本書を用いてくださされば幸甚です。

聖公会とは

　私たちの教会は、「日本聖公会」(Anglican Episcopal Church in Japan) といいます。さて、「聖公会」とはどういう教会か、ご存じでしょうか？　聖公会は、イギリスのいわゆるイングランド国教会 (The Church of England, 日本聖公会の用語では「英国聖公会」) の流れを汲む、世界に広がるキリスト教会で、英語では「アングリカン・チャーチ」(Anglican Church)、その各国の教会が集まった世界的共同体は「アングリカン・コミュニオン」(Anglican Communion) と呼ばれます。

　聖公会とは、全世界のキリスト教会のなかで、特に16世紀宗教改革運動の中で生起した教会です。宗教改革の結果ローマ・カトリック教会から分かれて生まれた教会という意味で、通俗的には「プロテスタント」として分類されることも多いようですが、実際には、教義・組織・伝統的しきたりなど様々な面で、ローマ・カトリック教会と共通する要素を色濃く残しており、狭い意味での「カトリック」と「プロテスタント」の中間的な教会、と解釈されることもあります。しかし、聖公会の真の立場は、そのような単純・表面的なものではありません。本項の最後で詳しくお話しますが、聖公会では自らの在り方を、ラテン語で「Via Media＝中道」と呼び、大きなアイデンティティの柱としています。

　宗教改革とはキリスト教会の歴史の中において数回起こった改革運動をさします。主イエス・キリストの命令によって、示された使命を受け継ぎ、主イエス・キリストのご意志に基づいて、働きを継続させていこうとする運動の一貫と言ってよいと考えます。ですから改革とは、

すなわち主イエス・キリストのご意志に忠実であろうとする不断の働き・努力であると言えるでしょう。聖公会はこの運動の一つとして英国（イングランド）において起こった改革運動です。そこでこの運動の結果として、「聖公会＝アングリカン・チャーチ」が成立しました。

16世紀に起こった宗教改革というキリスト教会の歴史における最大の事件は、それ以前にも起こっていた様々な教会改革とは根本的に異なる性格を持っています。それはキリスト教会がつたえてきた信仰、神学、慣行などの決定的な変化を生み出すような性格のものだったのです。発端はマルティン・ルターというドイツの一修道士が、バチカンが当時行っていた贖罪の方法、つまり、人びとの罪が赦されるための方法に対する新たな施策でした。それは、金銭を支払うことによって、すなわち教会に応分の献金をすることによって罪の赦しが宣言されるという慣行です。本来は罪が赦されたことへの感謝のしるしとしての献金が、献金によって罪の赦しが実現するかのような慣行です。敬虔で信仰に忠実な修道士であったルターがこの問題にたいして反論を提起したのは、むしろ当然と言えるでしょう。

しかし、バチカンは自己弁護を展開することによって、課題を全く別の状況に追い込むこととなりました。それはルターに賛成する聖職や為政者たちのバチカンからの離反でした。さらにそれはローマ教会からの分離を予想もしていなかったルター自身を追いやることになったのです。

英国におけるキリスト教会がローマ教皇から独立を宣言したのは、16世紀の初め、当時イングランド国王

であったヘンリー8世の時であったと言ってよいでしょう。よくある歴史書などでは、ヘンリー8世の離婚問題の結果であると言われています。当時、ヘンリー8世の妻である王妃キャサリンは、強大なライバル国であったスペインの王女でありましたが、彼女とそれをあやつるスペインの横暴さに嫌気がさしたヘンリー8世は離婚を願いローマ教皇に許可を求めました。ローマ教皇はスペインの意向を恐れて、普通であれば3年ほどで行う離婚の許可を引き延ばしました。その結果イングランドの国益を尊重したヘンリー8世は離婚に踏み切りました。これが国際的な問題となり、ローマ教皇との決裂は決定的となったのです。

　さらに、実は、当時の英国における教会の状況は、ローマ教皇庁(バチカン)との間に深刻な問題がありました。特に英国からローマ教皇への献金に関わる問題でした。英国からローマ教皇庁への献金は莫大で、国内の修道院への多額の献金と共に、国家財政を揺るがすほどの多額の献金が要求されていました。とりわけ、英国からローマまで、献金を送るということは、途中の各領域での通行税、あるいは盗賊からの難によって送るべき額よりも数倍の金銭を捻出する必要がありました。ヘンリー8世は、英国におけるキリスト教会の独立によって、このような理不尽な経済的な国家の損失を免れようとしたのです。一方、ローマ教皇庁にとって、英国はヨーロッパにおいて唯一の、ローマ教会が6世紀の終わり、カンタベリーのアウグスティヌス(主教カンタベリーのオーガスチン)による直接伝道地として開拓した地域という理解の下に、いわばローマ教会の直轄地と捉え、ヨーロッパ

の他の地域とは異なった関係にあると考えられていました。しかし、とりわけ経済的に過重な負担を考慮すると、英国としてはローマ教皇庁からの独立は急務であったということです。

その結果が組織的な分離ということになりました。これがイングランド国教会（The Church of England）の成立です。しかし、イギリスにおける教会も当初は決してルターと歩調をあわせていたわけではありません。むしろイングランド国王ヘンリー8世はバチカンとの対立が起きる前、ルターのサクラメント論を批判する重要な神学論文を発表し、その結果「信仰の擁護者（ようご）」との称号をバチカンから受けているほどでした。その称号は、貨幣などにも刻印され、現在でも英国王（英国女王）の正式な称号として用いられています。ヘンリー8世は、あくまでローマ・カトリックの教義・典礼を残したまま、国家単位での組織的な独立のみを図りました。これがヨーロッパ大陸におけるルターなどの改革との決定的な相違点です。

ヘンリー8世の死後、若いエドワード6世の治世に入ると、ローマからの分離は決定的となり、内容的にも独自の宗教改革が進められます。その象徴的な事例が、英国における独自のキリスト教会祈祷書の発布です。カンタベリー大主教トマス・クランマーの働きによって、1549年・1552年に相次いでイングランド国教会のための祈祷書が制定されます。最終的に1662年に近年まで用いられていた祈祷書が発布されました。

16世紀から17世紀にかけて徐々に行われていった英国における教会改革は、結果としてバチカンからの分離

の道を辿ることとなります。そこで神学的・教理的な自己理解の道として挙げられたのが、ラテン語で「ヴィア・メディア Via Media」すなわち「中道」と呼んだ信仰理解・神学的位置づけでした。中道という言葉から真ん中、すなわち、プロテスタント教会とカトリック教会の中間という理解がなされることが多いのですが、そうではなくて、正確には「あれでもなく、それでもない」、「これでしかない」という明確な主張を表現する言葉です。ただ単に中間的という意味合いではないことを確認していただきたいと思います。

◇聖公会関連略年表

432 年	ウェールズ出身の修道士・聖パトリキウス（主教パトリック）、アイルランドに派遣され伝道
563 年	アイルランドの修道士・聖コルンバ（コルムキル／修院長コロンバ）、スコットランドに移住して伝道
597 年	聖アウグスティヌス（主教カンタベリーのオーガスチン）、ローマ教皇グレゴリウス1世（主教教会博士グレゴリー）の派遣によりイングランドに伝道、初代カンタベリー主教に任命される
1380 年	ジョン・ウィクリフ、英語訳聖書を発布（初期宗教改革・ロラード派）
1517 年	ドイツの修道士マルティン・ルターが「95箇条の論題」を提示（ルターの宗教改革開始）
1521 年	イングランド王ヘンリー8世、ルターの説に反対する論文を著した功により、ローマ教皇レオ10世より「信仰の擁護者」（Fidei Defensor）の称号を贈られる
1527 年	ヘンリー8世、教皇クレメンス7世に対して、王妃キャサリンとの結婚の無効を認めるよう請願（承認されず）

1533年	カンタベリー大主教トマス・クランマー、王の婚姻無効を認め、ヘンリー8世はアン・ブーリンと再婚　教皇これを批難
1534年	イングランド王をイングランド全教会の首長とする「国王至上法」(首長令)を公布(イングランド国教会成立)
1538年	ヘンリー8世、教皇パウルス3世により破門宣告
1547年	イングランド王エドワード6世即位、クランマーの元でイングランド国教会の宗教改革が進められる
1549年	クランマー、イングランド国教会祈祷書(「訓戒と詠唱」)初編纂
1553年	イングランド女王メアリー1世即位、ローマ・カトリックへの復帰を進める(1556年クランマー処刑)
1559年	イングランド女王エリザベス1世(前年即位)、改めて「国王至上法」を採択(ローマ・カトリック教会との完全決別)
1563年	エリザベス1世、「39箇条のイングランド国教会大綱」を宣言
1611年	イングランド王ジェームズ1世、英語訳「欽定訳聖書」を発布
1662年	イングランド国教会祈祷書(Book of Common Prayer)改訂(以後長らく定着)
1784年	米国聖公会(監督教会、Episcopal Church in the USA)成立(英国領土以外で初の独立した聖公会、「アングリカン・コミュニオン」誕生)
1859年	(安政6年)　米国聖公会司祭チャニング・M・ウイリアムズ、日本に到来、長崎で伝道開始
1865年	(慶応元年)　ウィリアムズ、中国・日本伝道の主教に叙任される
1874年	(明治7年)　東京の築地外国人居留地(現・聖路加国際病院付近)に伝道の拠点を移し、立教学校を開く(立教大学の発端)
1887年	(明治20年)　2月11日、米国聖公会と英国聖公会が合同で日本聖公会を設立

はじめに　9

本書から学んでいただきたいこと

　聖公会祈祷書の特徴は、これまで多様な礼拝形式のためには、それぞれの礼拝だけの分冊となっていた祈祷書を一冊にまとめ、キリスト教会の礼拝のすべてを総合的に提示するという画期的なものでした。これによって、一冊でキリスト教会の使命の全体が理解できるようにされたのです。そこにはキリスト教会がその活動の内容と実践に関する教えと規定が含まれました。

　カトリック教会などでは、同様の信仰の内容に関する教えと規定を『公教要理』という形式で独立した別個の書物として持っていますが、聖公会においては、これを祈祷書に含まれる信仰と信仰的慣行の正式な規定として、祈祷書に位置づけています。ですから、聖公会における祈祷書の信仰生活における位置づけは重要です。聖職・信徒はこの祈祷書によって、信仰生活の基礎を確認し、同時に信仰的な行為、生活の規範を学びます。祈祷書のなかにこのような問答集があることの重要性を理解していただきたいと思います。

　本書は、日本聖公会祈祷書258ページに記載されている教会問答を使い、34にわたる各項目をその順に従って取り上げ、必要と思われる解説をしています。

　各項目の問答に入る前に、祈祷書258ページのルブリックには、こう記されています。「*教会問答は、救いにかかわる神のみ業とみ言葉の要点を掲げたものである。洗礼、堅信を志願する者、また信徒は皆これをよく身に付け、またこれを人びとに伝え証しすることが大切である*」。従って教会問答とは、クリスチャンとしての一般的な知識を身につけるというより、信仰的に生きて

いくために必要不可欠な問題を、極めて簡潔に要約した文書と呼ぶことができます。ですから、教会問答はただ一度だけ学ぶ課題というよりは、信徒、あるいは信徒となる希望を持つ人びとにとって、日常的に反復して学ぶべきものと考えます。

　教会は歴史的にこのような形で「教会の伝統」を形成してきました。日本聖公会においては、これを教会公認の祈祷書の一部としてその中に位置づけております。祈祷書が改定されれば、この「教会の伝統」としての「教会問答」も改定されることも考えられます。祈祷書は同時代の歴史的状況を反映した、その時々の教会の主張と姿勢を示した文書ですから「教会の伝統」そのものなのです。従って、この文書も同時代の歴史的状況のもとにあるという性格を持っていることは当然と言うべきでしょう。

バルトロマイ
司祭　竹内謙太郎

Bartholomew
Kentro Takeuchi

目　次

はじめに 3

一問一答編

1 問　教会とは何ですか 19
　エクレシア　19
　教会の形成　21
　集まり・神の民（たみ）　23
　礼拝と教会　24
　キリストの体　24
　「なっていく」　26
　なっていく　完全な人間　教会　27
　著者からの質問1　　1問「教会」を振り返って 30

2 問　教会の信仰を言い表しているのは何ですか 31
　使徒信経（しんきょう）　31
　ニケヤ信経　32

3 問　使徒信経を唱えなさい 34

4 問　使徒信経の主意は何ですか 36
　信じる、信仰　36
　「万物を造られた父なる神を信じること」　39
　私たちは造られた　40
　私たちの選択　41
　父なる神　42
　父という言葉　43
　「万民を贖われた子なる神を信じること」　45
　自分の十字架　私の罪　48
　自分の十字架　他者の苦しみ　49
　主イエスによる担い　50
　贖いとは　52
　「子」　54
　女性　55
　「命の与え主、世に働き神の民（たみ）を清められる聖霊なる神」　57
　命の与え主　世に働き　58
　清める　60

三位一体(さんみいったい)	61
5 問 信経では教会をどのように言っていますか	63
「使徒たちよりの」	63
使徒を継承した主教	64
「唯一の」	65
「聖なる」	67
「公」	68
差別	71
「会」	72
著者からの質問2　2〜5問「信経」を振り返って	73
6 問 教会の信仰は何に基づいていますか	
7 問 聖書とは何ですか	74
聖書の構成	74
聖書（旧約聖書・新約聖書・旧約聖書続編）とはどのような書物か	76
聖書研究	78
信仰の基準としての聖書	79
集会・ユーカリスト（聖餐式(せいさんしき)）からすべては生まれた	81
聖書、特に新約聖書の内容について	82
救いに必要なすべてのこと	84
著者からの質問3　6〜7問「聖書」を振り返って	86
8 問 旧約聖書に記されている神の戒(いまし)めを言いなさい	
9 問 この戒めについて、主イエス・キリストはどのように教えられましたか	
10 問 あなたはこの戒めを、人の力で守れると思いますか	
11 問 あなたは神の助けをどのようにして求めますか	87-88
モーセの十戒(じっかい)	88
神を愛し、人を愛する	91
愛する	92
兄弟のために死ぬ	93
「自分を愛するように」	94
人の力だけで守る	95
著者からの質問4　8〜11問「十戒」を振り返って	97
12 問 主イエス・キリストが教えられた主の祈りを唱えなさい	98
主の祈りとは	98
主の祈りの構造	99

	祈りとは	*101*
	祈りは信仰告白である	*101*
	祈りは神への応答である	*102*
	救しと愛	*103*
	同時性の論理	*104*
	カイ（kai）と同時性	*107*
	み国	*109*

著者からの質問5　12問「主の祈り」を振り返って 111

13 問　公祷とは何ですか 112

14 問　救いに必要な聖奠とは何ですか

15 問　キリストがすべての人の救いのために福音のうちに自ら定められた聖奠は何ですか 115

救いに必要な	*115*
聖奠	*117*
聖奠（サクラメント）は法廷用語	*118*
サクラメントの受理	*119*
軍隊用語としてのサクラメント	*119*
「式」	*120*
洗礼と聖餐	*121*

著者からの質問6　14〜15問「聖奠」を振り返って 123

16 問　洗礼とは何ですか 124

死と復活にあずかる	*124*
新しく生まれる	*125*

17 問　洗礼の目に見える外のしるしは何ですか 126

洗礼の水	*126*
罪を洗い清める	*128*
父と子と聖霊のみ名によって	*129*

18 問　洗礼によって与えられる霊の恵みは何ですか 131

神の家族	*131*
キリストに満ちみちている永遠の命	*133*

19 問　洗礼を受ける人に必要なことは何ですか 135

20 問　これらのことのできない幼子に、洗礼を授けるのはなぜですか 137

幼子の洗礼	*137*
教父母	*138*

著者からの質問7　16〜20問「洗礼」を振り返って 140

21 問　聖餐とは何ですか

22 問	聖餐の目に見える外のしるしは何ですか	
23 問	聖餐によって与えられる霊の恵みは何ですか	
24 問	キリストの体と血にあずかるとはどういうことですか	
25 問	聖餐を行うには、どんな心構えが必要ですか.........	*141-142*
	キリストのみ定めに従い	*142*
	最後の晩餐(ばんさん)(主の晩餐)	*143*
	最後の晩餐と聖餐式	*147*
	過越の祭・最後の晩餐・ユーカリスト(聖餐式)	*148*
	過ぎ越し、自由と解放	*149*
	ユーカリスト	*151*
	主が再び来られるまで	*152*
	パンとぶどう酒、主イエスの体と血	*154*
	神と人に仕える	*156*
	いと、小さきもの	*158*
	すべての人びとがユーカリスト(聖餐式)に	*160*
	ユーカリスト(聖餐式)の実際	*161*
	著者からの質問8　21〜25問「聖餐」を振り返って.............	*164*
26 問	キリストが定められた洗礼、聖餐と共に、聖霊の導きにより、教会のうちに行われてきた聖奠的諸式は何ですか	
27 問	聖奠および聖奠的諸式、その他教会の働きはだれが行いますか.........................	*165*
	聖奠(せいてん)的諸式	*165*
	サクラメントの正当性	*167*
	堅信	*172*
	聖職按手(あんしゅ)	*172*
	聖婚	*173*
	結婚と契約	*173*
	聖婚式では指輪を用いる	*174*
	個人懺悔(ざんげ)	*176*
	病人の按手と塗油(とゆ)	*177*
28 問	神の民(たみ)とは何ですか	
29 問	信徒とは何ですか.................................	*180*
	キリストとその教会を表す	*180*
	信徒	*182*
	教会は任意団体	*183*
	自由意志による選択	*184*

信徒の心得	*185*

30 問　聖職とは何ですか
31 問　聖職になるのはだれですか *190*
聖職・Holy Order	*190*
人の業・神の業	*192*
主教	*194*
司祭	*197*
牧師・管理牧師（日本聖公会では）	*199*
牧師・管理牧師（英米聖公会では）	*200*
牧師と副牧師	*201*
司祭団	*202*
執事	*203*
執事の働き	*207*
三聖職位成立の順序	*208*
問答 26 にかえって	*209*
召される	*210*
神の民を整えて奉仕の業に導く	*211*

32 問　わたしたちは、いつ教会に連なる者とされますか *215*
著者からの質問9　26～32問「神の民」を振り返って *216*
33 問　わたしたちの務めは何ですか *217*
著者からの質問10　33問「務め」を振り返って *219*
34 問　キリスト者の希望は何ですか *220*
クリスチャンの希望	*220*

著者からの質問11　34問「希望」を振り返って *223*

コラム

コラム1　生命の問題 *225*
「そもそも生命とは何か」	*225*
「人間の生命」	*230*
「あなたの生命・私の生命」	*231*
「生命の維持」	*235*

コラム2　聖公会の祈祷書 *237*
成文祈祷と自由祈祷	*237*
祈祷書の歴史	*237*
祈祷書の歴史と改訂	*241*
祈祷書の意味	*243*

祈祷書による教会の統一	*244*
祈祷書は絶対ではない	*245*
コラム3　巡礼〜「旅する教会」	*247*
キリストと一つになる	*247*
巡礼・ピルグリム	*249*
聖人の遺跡への巡礼	*249*
書物による巡礼	*250*
聖遺物	*251*
現代の巡礼	*252*
コラム4　ルブリック	*254*
ルブリックとは	*254*
ルブリックの規定の仕方	*255*
ルブリックの内容	*256*

あとがき	*262*

参考書として用いた書物	*266*

聖公会用語解説

教会暦	*271*
祭色	*280*
聖奠（せいてん）	*282*
聖奠的諸式	*283*
聖餐式	*286*
聖餐式の流れ	*290*
聖餐式の形	*295*
祭具	*297*
聖職と信徒	*302*
信徒の働き	*305*
聖公会の組織・職務・会議	*308*
聖書の種類	*311*
聖書の歴史キーワード	*313*
よく使われる外国語	*315*
その他の用語	*318*

索　引	*326*

教会に聞く

―日本聖公会の教会問答を読み解く―

一問一答編

P. ブリューゲル（父）「盲人の寓話」より：聖アンナ・ベーデ教会

1 問 教会とは何ですか

答 主イエス・キリストにあって神に生きるすべての人の集まりで、神の家族、キリストの体、聖霊の宮と言われています

エクレシア

　新約聖書は、ギリシャ語で書かれていますが、日本語で「教会」に当たる元の言葉は「エクレシア Ecclesia」という言葉です。このエクレシアは始めから教会を表現するために、キリスト教が作り出した新しい言葉ではありません。教会が始まる前からギリシャの都市で「集会」の意味で用いられていた一般的な用語でした（戦後欧米でも紹介されるようになった研究ではアラブ世界の状況も取り上げられ、アラブ世界の諸都市においても同様の集会があったとされています）。それは「都市住民」全員が参加し、その都市の守護神の神殿の広場に集合し、その都市の抱える問題を討議し、具体的な政策を実行する「都市議会」のことでした。

　ギリシャは、旧約聖書時代、ローマ帝国の領土となる以前、一つの国家を形成していたわけでなく、たくさんの都市国家が分立して互いに協力したり、争ったりしていました。ですから政治や経済の単位はこの独立した都市国家にあったわけです。ローマ帝国の領土となってからも、自治権を与えられて、この基本的な形態は変化しませんでした。そのために、都市は議会を招集し、自分たちの問題を協議決定したのです。その実際の場が広場

でした。

　この議会は、都市住民として認められた自由民の成年男子全員が参加することが義務づけられていました。都市の経済的運営に必要な税金の決定、都市を外敵から守るための軍隊の形成、都市に必要な土木工事への労働力や資金調達への参与、新たにその都市住民に参加を希望する人たちの承認、他の都市とのさまざまな協約の承認、他の都市との戦争の実施などが協議されたようです。また重要な決定には、その都市の守護神からの神託(しんたく)が重要な役割を演じたと伝えられています。

　今日(こんにち)にいたるまで、都市生活における「広場」の意義と概念は重要です。広場は、都市の政治と経済、そして教会にとっては多様な祭儀の中心としての意義を持っています。『古代都市』フュステル・ド・クーランジュ著を参照されると良いでしょう。その他、都市についての研究書は多数あり、現在日本語訳されているもの、日本で出版されたものは、どれをとっても示唆(しさ)に富んでいます。

　当時、女性の社会的な地位は現在と全く異なっていましたから、自由民全員の参加といえば、それは都市住民の男子全員の参加と言ってよいでしょう。このことを現在では、「直接民主主義」などと言います。

　もちろん現在では女性の社会的位置も正当に取り扱われなければなりませんから、選挙の投票に参加するという方法はもちろんのこと、議員に立候補することは当然の権利となっています。しかし、当時はまだその状況ではありませんでした。女性が政治的権利を獲得するのは、ご承知のように20世紀に入ってからです。

　全員が直接参加して事を決定しますから、決定された

ことを実行したり実施したりするのもまた、都市住民全員の責任でした。

教会の形成

初代教会の指導者たちが伝道のために入って行った都市で、このような状況を経験した時、指導者たちにとってエクレシアの姿は、教会の在り方、信徒の在り方にとって大きな参考になったと思われます。私たち聖公会の教会運営、教会行政の伝統的な特徴である「合議制」、あるいは「協議性」の源泉もここにあると言えます。

指導者たちは自分たちの群れを指す名前として、このエクレシアを採用しました。ギリシャ都市国家のエクレシアとクリスチャンの集まりの在り方に、大きな共通点を見出したからです。ことに、エクレシアが本来「呼び出された者の集まり」という意味があることは注目すべきでしょう。都市住民エクレシアがその守護神の前に集まるように、クリスチャンはこの世から「呼び出されて」主イエス・キリストを中心として集まります。クリスチャンたちはそのユーカリスト（聖餐式）とよばれる集まりで共に祈り、パンを裂き、み言葉を聞き、主イエス・キリストに仕え福音を証しすることを一致して合意し、行動・伝道に励んだのです。

実際、クリスチャンの集まり、すなわちキリスト教でいうエクレシアとは、このユーカリスト（聖餐式）に参集するよう呼び出された人びとの集まりを意味します。そして私たちにとって極めて重要な記憶すべき事実は、現在私たちが知っている、あるいは持っている、キリスト教を、そして教会を形成するすべての事柄は、このユー

カリスト（聖餐式）を実践することから始まったということです。このことは追々述べて参りましょう(問6, p.81)。

従って、都市住民エクレシアが決定した事柄を都市生活の基盤として守り、それらを実行することによって人びとが市民の権利を得ていったように、都市住民エクレシアの行動様式とその形は、クリスチャンの「信仰生活」「教会生活」の基本的な在り方と全く同じであったと言ってよいでしょう。

最後の晩餐の情景を考えてみますと、当時の指導者たちが考えていたキリストの弟子たちの姿とその集まりが、都市エクレシアの型を自分たちのものとして取りこもうとする意図が明らかに見えるのです。集会∽人びとの集まり、神託（しんたく）∽聖書の朗読・使徒の教えや宣言、生けにえ・捧げもの∽パンとぶどう酒の奉献、捧げものの分配∽陪餐（ばいさん）、協議と決定、そして具体的な行動に移る過程などです（「A∽B」は、「A.古代ギリシャの都市エクレシア」と「B.キリスト教会の聖餐式」の型の相似関係を表す）。最後の晩餐では、主イエス・キリストの言葉、共同の食事、世界に仕えるという強いモチベーションへの協議、そしてその実践に移る使徒たちの教会がそれでした。

「主イエス・キリストにあって神に生きるすべての人の集まり」を表すために、当時の指導者たちはこのエクレシアという名称がクリスチャンの集まりに真にふさわしいと考えたのでしょう。エクレシアを日本語で「教会」と翻訳するのはあまり正確だとは思いませんが、すでに定着した言葉としてこの後も、エクレシア、すなわち人びとの集まりという意味で「教会」を用います。

集まり・神の民(たみ)

　ここで注目していただきたいのは、「集まり」ということがはっきりと述べられていることです。ギリシャ都市エクレシアは議会ですから、人が集まらなければエクレシアそのものが成り立ちません。教会も同じことです。人が集まって初めて「教会」がある、と言えるのです。教会は建物や制度や組織や、まして神父さんや牧師さんを意味してはいません。教会とは、主イエス・キリストを信じる人の「集まり」なのです。

　極端な表現と思う方もいるかもしれませんが、人が集まってこそ教会が「ある」と言えるのです。例えば、日曜日に教会の礼拝（聖餐式・ユーカリスト）が行われますが、人が一人も集まらなければ、そこに建物があり、牧師さんがいたとしても、教会は「無い」のです。長い教会の歴史を見ると、教会がなくなったということが記録されている所がありますが、さまざまな理由があるにせよ、それはクリスチャンがいなくなった、ということなのです。クリスチャンが誰一人集まらなくなったということです。

　逆に言えば、集まりに参加しないということは、クリスチャンであることを止めるということにもなります。日曜日の礼拝はクリスチャンにとってこのような集まりなのですが、この礼拝に参加しないというのはクリスチャンでなくなるということと言ってよいでしょう。あるいは少なくとも、その日はクリスチャンでないと言うことができます。

　クリスチャンであるというのは身分や資格などを意味してはいません。それは主イエス・キリストの教えに従っ

て行動しているかどうかによって決まることなのです。

礼拝と教会

現代の社会的状況を考えると、このようなことはずいぶん厳しい言い方になると思いますが、これが原則だ、と考えておくことは大切な心構えだと言えましょう。礼拝（聖餐式）参加は、してもしなくても自分の都合によって自分で決めてよいのだというのではなくて、礼拝参加ができない時は自分にとって何か非常に大切なことを欠いていると考えるべきでしょう。

ことに現在のような社会に生きている私たちにとって、自分がクリスチャンであることを証（あかし）する唯一の在り方は、礼拝（聖餐式）に出席している自分自身だからです。その証とは、私たちが一人ひとり「キリストの体」（コリントの信徒への手紙 第一 第12章27節、エフェソの信徒への手紙 第1章23節, 5章30節）の一員であることを示し、その一人ひとりがその場にいることによって、「体」が体としてありうることになるからです。

私がどうであるかと言う前に、私を欠いた礼拝は本来の礼拝でなくなると考えましょう。そこにいるべき人がいないからです。私にとっても、教会にとっても、それはキリストの体として欠けていることを意味します。

キリストの体

聖公会では日曜日の礼拝として聖餐式が行われます。聖餐式については問答の21以下（p.141～）で詳しく説明することにしますので、ここでは深く入りませんが、これは神様を中心として、神様に誠実であろうとするクリス

チャンの共同の食事の機会であると言っておきましょう。

　食事を共にするのはまず家族の共同の業(わざ)でありましょう。一つの家族が共に一つの食べ物を分け合って、家族の一致と親愛を深め、共通の問題に協力して当たることを確かめ合うのが家族の食事です。教会が行っている聖餐式は、この意味において絶え間なく行われるのです。私たちの食事が絶え間なく行われるのと同じです。しかもその食事は主イエス・キリストが招いてくださっている食事です。ですから、それは「神の家族」「神の民(たみ)」の集まりと呼ばれるのです。聖餐式への欠席は、家族の食事に欠席することと考えていただきたいと思います。

　また、この聖餐式の集まりで、私たちは教会が目指し、具体化すべき事柄が語られ、参加者全員の共通の問題として取り上げられます。主イエス・キリストに仕える者として私たち自身の在り方を深く反省し、主イエス・キリストに従って主イエス・キリストの福音(ふくいん)を人びとに伝えようと決心するのも、この集まりの重要な問題であり課題となることでしょう。それはちょうど神様のみ心を実行された主イエス・キリストがなさったように生きていくということでもあります。

　そのゆえに、教会は古くから「キリストの体」と言われてきました。私たちはキリストの体を形成する一部なのです。体の細胞の一つ一つと言ってよいでしょう。たくさんのクリスチャン、すなわち主イエス・キリストの細胞が「集まって」、キリストの体を形成しているというわけです。キリストの救いの働きを私たち自身の働きとして実行していくことによって、私たちは「キリストの体」となっていくのです。

そのために、主イエス・キリストは私たち細胞の一人ひとりに神様のみ心を行う力の基である「聖霊」(問4、p.57〜)を与えてくださっているのです。私たちはその聖霊を宿している者という意味で、「聖霊の宮」(コリントの信徒への手紙 第一 第6章19節)と呼ばれるのです。

教会を「神の家族」「キリストの体」「聖霊の宮」と呼ぶのは以上のようなことからですが、忘れてならないのは、これらの呼び名はすべて私たちの在り方を定めているということです。ですから、同時に私たちがこれらの呼び名にふさわしい生き方を示さなければ、「主イエス・キリストの体」という教会の呼び名は有名無実となってしまいます。

私たちはあらゆる意味で完全ではあり得ません。時空の限界の中にいるのも事実です。ですから、しばしばこれらの呼び名を裏切るような生き方をしています。だからといってそのままで良いわけではありません。いつでも、私たちはこれらの呼び名にふさわしい自分を目指しているべきでしょう。

それは同時に教会の在り方についても同じことなのです。神の家族となろう、キリストの体としての働きを実行していこう、そして私たちは常に聖霊によって励まされ動かされているのだという自覚を持とう、という時に、教会全体も、そして私たち一人ひとりも真実のクリスチャンとなっていくのです。

「なっていく」

これまでに、私が「なっていく」という言葉を繰り返していることにお気付きでしょうか。実は、この「なっ

ていく」という表現はキリスト教において、非常に重要な言葉なのです。英語で言えば「ビカミング becoming」ということです。これは動作が現在進行形であると同時に、内容も一つの方向に向かって変化していることを表しています。

私たちはこの世界に生まれてから成長するという大きな変化を経験しているはずです。その変化というのは、ほとんど人間とは言えないような赤ん坊の時代から、徐々に人間となっていく過程であると言えるでしょう。どんな人間になるかが大問題ですが、とにかくその方向に向かって変化していることは確かでしょう。

そしてよく考えてみると、生物学的には人間の定義がありますから、その意味で人間になったと言える時があるでしょうが、内容的には本当に人間となったと言うことはなかなか大きな問題になるのです。ことにキリスト教の枠組みの中でこの問題を考えると、人間になったと言える時を迎えるために、私たちの生涯をかけてみるべきではないでしょうか。

ここで、私たちは主イエス・キリストが十字架の上で「成し遂げられた」(ヨハネによる福音書 第19章30節) と叫ばれ、人間であることの究極的な在り方をお示しになったことを思い出しましょう。それは、主イエス・キリストのご生涯が、あるべき「完全な人間」の生涯であったことが明らかになった瞬間なのです。

なっていく　完全な人間　教会

「完全な人間」という言い方がキリスト教神学にあります。これは主イエス・キリストを指した言葉です。こ

こから考えますと、私たちが本当に人間になれるのは、私たちが主イエス・キリストと同じになるということになります。そのようなことが可能なのでしょうか。不可能です。そこで「なっていく」が重要な課題となります。

私たちは唯一の方向として、主イエス・キリストを目指すことが大切であると、聖書は教えます。前に一定の方向といったのは、主イエス・キリストを指していました。主イエス・キリストと同じになることが不可能であっても、もし私たちが真に人間となることを望むならば、それは主イエス・キリストに向かって忠実に歩くことに他なりません。私たちは自分自身の生涯をかけてこの方向をたどるように励まされているのです。

今は「なっていく、なりつつある」過程として信仰生活を自分の生活のなかに位置づけたいと考えます。この「なっていく」というのは、私たちの問題であると同時に、教会の在り方についても同じことが言えるのです。

現在の教会が真に主イエス・キリストの体としての教会の姿を正しく示しているかということになると、まことに心もとない部分があることを認めなければなりません。この世の正義と公平の実現にどれほど教会が自分を捧げきっているかは未だ大きな疑問です。主イエス・キリストのお働きが十分に行われているかも疑問です。しかし、教会は今、その方向に向かっていると私は信じています。であれば、教会は今「なっていく」過程にあると言えるでしょう。

このように、「なっていく」という状況は、私たちが知っているすべての社会的な状況に当てはめて考えることができます。完成されたもの、完全なものは、存在してい

ないということです。完全なものとは、これ以上変化し得ないものということです。世界は変化しています。そこに存在するものは総(すべ)て変化しています。変化することが、完全なものがない証(あかし)です。なぜなら、完全なものとは、これ以上変化しないということを意味しているからです。

　ですから、一言で言うならば、私たちの属している世界も家庭も、国も、社会もすべて、「なっていく」過程にあると言うべきなのです。ですから私たちはその「なっていく」方向に注目しなければなりません。ことに私たち自身についてはそうでしょう。その意味で、個人としてのクリスチャンも、クリスチャンの集まりとしての教会も、一つの方向性と、目的を持っていることが不可欠でしょう。

　ここにキリスト教の主張する希望があります（問34「クリスチャンの希望」、p.220）。私たちは完全ではない、しかし、完全を目指して「なっていく」過程にある、絶え間なく私たちの目前には、完全を現す模範が存在している、と言えるでしょう。これが私たちに指し示されている問いかけです。

著者からの質問1

1問 「教会」を振り返って

あなたは、誰と一緒に教会を形成していると思っていますか?

＋ ＋ ＋ M E M O ＋ ＋ ＋

2 問 教会の信仰を言い表しているのは何ですか

答 使徒信経とニケヤ信経です

　信経(しんきょう)とは、キリスト教において信仰の内容を要約した信仰箇条のことを言います。詳細な内容は次の項目に譲り、ここでは「使徒信経」と「ニケヤ信経」の説明に止めたいと思います。

使徒信経

　「使徒信経」は、西方教会で用いられる信仰箇条です。西方教会とはローマを中心として発展してきたキリスト教の教会全体を指します。私たちの聖公会も歴史的に、また伝統的にこの教会グループに属しています。

　内容は基本的に、「父なる神」(問4、p.42〜)「子なる神イエス・キリスト」(同p.54〜)「聖霊」(同p.57〜)の三つの部分から成り立っています。表現は単純で、神学的な説明はほとんど含んでいません。

　使徒信経という名称は4世紀の終わりに見出されますが、現在私たちが用いているものと全く同じ形のものは8世紀の神学書に現れます。伝説では十二使徒が一緒に作ったと言われますが、これはもちろん事実ではないでしょう。しかし現在のものとほぼ同じものは、すでに4世紀にはローマや他の西方教会では洗礼の際の信仰告白として用いられていました。ある学者たちによれば、今のものより短いものがローマでは紀元150年頃には洗礼

の信仰告白として用いられていたと主張されています。

現在の使徒信経は中世初期には西方教会全体で洗礼の際に使われるようになりました。そこで、使徒信経は主語が「私は」というように単数なのです。同時に日々の礼拝の際にも唱えられることになりました。現在私たちの祈祷書でも使徒信経は洗礼の際、また朝夕の礼拝などで日々用いられています。

ニケヤ信経

「ニケヤ信経(しんきょう)」は、紀元325年にニケヤ（現在のトルコ共和国西部）に招集された第1回公会議で決議された信仰箇条であるところから、このように呼ばれています。内容は、アリウスが主張したという異端から正統信仰を守るために定められたと言われています。アリウスが主張した信仰の内容は、主イエス・キリストは神の養子であって神性を持たないとし、そのため、神は父と子と聖霊という三位一体(さんいいったい)ではないというものでした。

しかし、この時に決定された信仰箇条（原ニケヤ信経）は、今私たちが唱えているものより短いものでした。この原型はエルサレムで用いられていた洗礼の信仰告白であったと考えられています。

ニケヤ信経が現在の形と内容にまとめられたものとして、「ニケヤ・コンスタンティノープル信経」という呼び名があります。381年のコンスタンティノープル（現・イスタンブール）公会議（第2回）で決定されました。これはニケヤで325年に定められたものよりさらに深く神学的な説明を表現しようとしている内容です。

さらに、451年のカルケドン公会議（第4回）で最終

的に全教会の信仰箇条として採用されました。そのため、これを「ニケヤ・カルケドン信経」と呼ぶ学者もあります。

　使徒信経と違って、これは東西の両教会で聖餐式(せいさんしき)の中で用いられる信仰箇条でした。これら二つの信仰箇条の内容は、以下の項目で詳しく取り扱います。

3　問　使徒信経(しんきょう)を唱えなさい

答　わたしは、天地の造り主、全能の父である神を信じます。また、その独り子、主イエス・キリストを信じます。主は聖霊によって宿り、おとめマリヤから生まれ、ポンテオ・ピラトのもとで苦しみを受け、十字架につけられ、死んで葬られ、よみに降り、三日目に死人のうちからよみがえり、天に昇られました。そして全能の父である神の右に座しておられます。そこから主は生きている人と死んだ人とを審くために来られます。また、聖霊を信じます。聖なる公会、聖徒の交わり、罪の赦(ゆる)し、体のよみがえり、永遠の命を信じます　アーメン

「唱えなさい」というのは「覚えてください、理解しましょう」という意味を含んでいると考えましょう。西方教会では前に述べたように、洗礼の時を始め、礼拝でも使徒信経はしばしば用いられるので、できれば暗記するように勧められています。皆さんも祈祷書を見ずに自分自身の信仰箇条として暗記できるようにしてほしいと希望します。

今は祈祷書も印刷され誰でも簡単に手に入れることができますが、教会の歴史で言えば始めから1500年以上、信徒の手に祈祷書はありませんでした。信仰箇条は息をするように信徒の口から自然に唱えられていたのです。

洗礼準備の総仕上げは、志願者たちが喜びをもって信仰箇条を唱えることでした。ですから現在でも使徒信経

では初代教会での洗礼の信仰告白の記憶から、ニケヤ信経とは異なって信仰告白の主語は「わたし」という単数になっています。ニケヤ信経はユーカリスト（聖餐式）というキリスト教信仰共同体の集まりで全員が共に唱えることを前提としていますので、聖公会の現行祈祷書においては、主語は複数になるわけです。

4 問　使徒信経(しんきょう)の主意は何ですか

答　(1)万物を造られた父なる神、(2)万民を贖(あがな)われた子なる神、(3)命の与え主、世に働き神の民(たみ)を清められる聖霊なる神、この父と子と聖霊の聖なる三位(さんい)一体(いったい)の神を信じることです

信じる、信仰

　まず、「信じる」という言葉から考えてみましょう。私たちはこの表現を毎日の生活の中でたびたび使っていることに気が付きます。そして多くの場合、それは何かが自分にとって本当であると認められた時に、おもに使っているようです。ある事を信じるというのは、それが本当に起こったというわけです。あるいは本当に起こるはずだということが分かったという場合もあります。と同時にある事が本当に起こることを期待するという意味もあると言えましょう。

　ここで私たちはそのような場合に、二つの方向をもった態度や姿勢を取ることになるのに気が付きます。一つは、それが本当にそうなるのかどうか調べようとする姿勢です。一言でいえば、証拠を求めると言うことでしょうか。証拠を点検してそれが本当に起こるかどうか、存在するかどうかを調べるわけです。この姿勢は科学にとっては基本的に重要な姿勢と言えましょう。証拠を要求し、その証拠が正しいと認められた時に初めて「信じられる」ことになります。証拠は実証されなければなりません。実証された後に、信じられるのです。ですから

科学的な態度では繰り返してこの実証を行います。物理・化学で言えば実験です。実験を何度も繰り返して、条件が同じであれば、いつでも必ず同じ結果になるとなった時、人はそれを信じると言います。

　もう一つの姿勢とは、それが本当に起こることがたとえ実証されなくても、その事に従って自分の行動を決定していこうとする姿勢です。証拠を要求しないのです。対象が真実であるかどうかの議論ではなく、自己がそこでどのような姿勢と行動にでるか、ということです。実証される前に、私たちはそれに従って行動を起こそうとする姿勢、それがもう一つの「信じる」ということです。どちらの姿勢も私たちの日常生活の中で実際に見られることです。

　問題は、一つの事を中心として、実際に「信じる」のは、実証の「前」か「後」かということになるでしょうか。ごく簡単な例えを挙げてみましょう。私たちが誰かと渋谷のハチ公前で、明日の午後3時に会う約束をしたとしましょう。実証されてから信じるというのは、予め何かの方法で相手が午後3時にハチ公の前にいるのを確認してから初めて、そこへ出掛けていくという事です。実際このような事をする人はいないでしょうが、論理的にはそうなります。一方、実証される前にというのは、相手が来るかどうかはともかく、約束したのだから自分はハチ公の前まで3時には出掛けていくという事です。待たされるかも知れません。相手は来ないかも知れません。しかし、行くわけです。相手が来ると信じて。実証される前に行動を起こしているのです。

　実証された後に、というのは科学的と言います。実証

される前に、というのは私たちが教会で普通に言っている「信仰的」ということなのです。復活されたイエス様が、「見ないで信じるのは幸いだ」とトマスに言われたことはこういう事だったのです。

ここで以上の二つの姿勢のどちらが正しく、どちらが誤っていると言っているのではありません。聖書の語っていることを信じるということがどういうことなのかを明らかにしたいだけです。実証を根拠にして信じることも大切な姿勢です。それは学問にとって、科学的思考にとって根本的な姿勢だからです。同時に実証を要求しないということも大切なのです。ことに生きた人間関係という観点からすると、これもまた根本的にあるべき姿勢と言えるでしょう。

キリスト教は神様の教えに従って生きることを人びとに示そうとしています。それは実際、神様と人間の関係、人間と人間の関係を、神様の教えに従って整えるということが中心になっています（「十戒」の項：問8, p.87〜でさらに述べることにします）。こう見てきますと、私たちにとって聖書で教えている信仰とは神様との関係、人間と人間の関係という観点で考え受け止めるべきものと言えるでしょう。すなわちそれは「実証される前に」ということです。

実証される前に、ということは重要な条件だと思います。というのは、実証するのは誰でしょうか。それは私たち人間ではありませんか。いわば私たち自身が出す結論と同じですね。このように実証されればという立場は、私たちが出した結論を私たち自身が認めるということになります。おかしな結果にならないでしょうか。つまりこの立場では自分で決めて自分でうなずいている、とい

うことになるからです。

　付言しておきたいことがあります。新約聖書の中には「信じる」や「信仰」を意味するギリシャ語「ピスティス」がしばしば現われます。これが現われるたびごとに、日本語の聖書で必ず「信仰」とか「信じる」と翻訳されているわけではないのです。信仰というより、むしろ「真実」「誠実」「忠実」と翻訳されるほうが多いのではないでしょうか。このような「ピスティス」の使い方は、上述した信じるという言葉の意味をどのように理解すべきかという課題に重要な示唆を与えているのではないでしょうか。

「万物を造られた父なる神を信じること」

　まず、この命題は「万物が神様によって造られた」と言っています。私たちの目にする物、感じる物はすべてそれ自体で存在するのではなく、神様という原因があるということです。もちろん、この中に人間も含まれます。ものには始めがあり、一定の原則、あるいは秩序と言うべきものによってすべては成り立っているのです。その秩序を成り立たせている基本になるものを、私たちは神様と呼んでいるのです。

　その秩序について考える時、重要な前提となるものは、「私たちの信じる神様」は「造る方」であるということです。破壊ではなく、建設です。とくに注目したい重要な点は、ある時には和解と呼ばれ、ある時には愛と呼ばれ、またある時には一致と呼ばれるような、神と人、人と人の「関係」の建設です。私たちの聖書は一貫してこの「関係」について語り、神様が関係を結び、または破

られた関係を修復しようとされる存在として描き出されていることに注目して欲しいと思います。

私たちは造られた

　特に、私たち自身が神様によって造られたというこの信仰箇条に注目したいのです。私が私を造ったのではないのです。私が今この世に存在することを選択し決定したのは神様だ、というのがその意味です。

　実際、私は私が生まれることを決定しませんでした。私が男である、女であることを決定しませんでした。日本に生まれる、アメリカに生まれることを決定しませんでしたし、生まれる所を選択していません。いつこの世に現れるかとか、どこに現れるかを選んではいないのです。現代の東京でこの特定の家族、夫婦の間に生まれることを、そしてその家族のなかで成長していくことも、私たちの選んだことではありません。

　確かに、男であることや、アメリカ人であることや、戦争中に生まれたことや、貧しい家庭に生まれたことなど、さまざまな境遇を嘆いたり喜んだりする人はたくさんいます。しかし、私たちはそれを選んだわけではありません。だからこそ嘆いたり、喜んだりするのでしょう。

　私たちはこのように、私たちの意思と選択によって存在しているのではないのです。私たちの存在は、私たちが考えも付かないような大きな意思によって存在しているのです。私たちは自分の存在さえ選択し決定していません。ましてや、他者の存在を選んだり決定したりすることはないのです。単純にそれは無いのです。ですから、私たちは他者の存在を左右するような力を持っているわ

けはないはずです。

私たちの選択

　現代人の多くは、人間の意思は絶対であり、誰もその意思の働きを妨げることはできないと考えています。しかし、その意思も、私たち自身で選択し、獲得したものではありません。「造られたこと」の中に含まれていることなのです。誰もが一つの意思によって造られた、という宣言が、「天地を造られた神」という命題の意味していることです。誰もが一つの意思によって、誰もが同じに人間として造られたという宣言が、私たちの信仰箇条です。

　ここから、人間の平等性、人権の確立、人間の自由などというキリスト教の強い意思が生まれてきます。ここではどのような形の「差別」も許されません。なぜなら、どんな人でも神様の被造物であって、人間が造ったものはいないからです。

　もしたとえ一人でも「人間の造った人間」がいるとしたら、それは造った人間によって自由に動かすことができるでしょう。造った人間の選択に任されるでしょう。もし私たちが私たち自身を造ったというなら、私たちは私たちについてのすべてを選択し、動かすことができるはずです。

　しかし、私たちは私たちを造ったわけではありません。私たち一人ひとりは、前に述べているように、存在の本質において、「限界」つまり「できないこと」が無数にある存在なのです。ですから私たちは、私たち自身、そして他のすべての人びとを、私たちの意のままに任せた

り、動かしたりしてはならないのです。これが天地を造られた神への信仰の中身です。私たちはこの中身によって、私たち自身の行為や行動を起こさなければなりません。それによって、この命題を私たちの信仰箇条としているのです。

ユダヤ・キリスト教伝統と呼ばれる歴史的、文化的領域で最も重大な理念と言える問題は、人間は神ではない、という命題です。そして、すべて聖書が強く主張する問題が、人間は神になってはならないということです。

後述することですが、キリスト教が「罪」という状況を示そうとするとき、それは人間が、個人として、あるいは集団として「神となろうとする」状況を指しています。自分以外の他の人びとを、自分の権力や支配によって、彼らの存在や思いを自分の意志に従わせようとしたり、無視したりする状況です。

教会の礼拝、特に聖餐式・ユーカリストが持っている参加者の協議性、合議制は、このようなキリスト教の本質を明確に示しています。誰も他者の存在を恣意的に動かしたり無視したりしないのです。それが他者の人間である尊厳を確認することであり、結果としてその人の存在を尊重することに繋がります。

父なる神

古代世界では「父」という表現によって、人が生み出される「源」を意味しようとしました。神が父であるというのは、神こそがすべての始めであるという表現なのです。「すべて」ですから、文字通り、私たちに見えるものも、見えないものも、知っているものも、知らない

ものもすべてです。

ことに、ここで「時間」について考えるのも必要でしょう。時間とは、多くの哲学者たちが長い歴史の中で議論してきたことですが、私たちにとってはむしろ限界を表す表現と考えたらどうでしょうか。私たち自身のことを考えても、時間の哲学的意味よりも身近に感じられることは、ものの始めと終わりではないでしょうか。それはまさに一定のものの経過の中での限界を言っているのではないでしょうか。

神が父であり、すべてのものの始めであるということは、神が時間の限界を超えている存在であると言っているのです。そればかりではありません。神が時間を始めたとも言っているのです。始まりとはそういうことなのです。旧約聖書の創世記はこれを神話的に表現して、天地創造の物語を私たちに残してくれています。そこでは時間ばかりか、空間についても語ります。その場合にも限界を超えていることが強調されるのです。

父という言葉

最近「父」という言葉に対して異議が唱えられています。「父」とは男性であって、このような用語は女性にとって必ずしも受け入れやすい言葉ではないという主張です。

確かに、長い教会の歴史を通して、男性優位の理念と論理が支配的でした。社会が男性によって支配され女性は虐げられたり無視されたりしてきたことは事実です。例えば、人種差別が行われている時、その最も悲惨な被害者は差別されている人種の中の女性であることは明瞭

4 問 使徒信経の主意

です。日本語においても、あらゆる外国語においても、それらが持っている言語特性は明らかに男性優位的です。人間と言う時、そこには男性と女性が同等に存在していることを改めて確認しなければなりません。

人間が平等であるということは、男女が平等であることが確認されなければ意味がありません。一方が一方を支配したり抑圧したり蔑視したりすることは、「神の造られた人間」という根本的な信仰箇条に反します。

しかし、社会的な現実を見ればよく分かるように、私たちの社会はこの問題について未だ十分に成熟しているとは思われません。「包括的言語」という方法で男性優位的な言語特性を解決しようとする試みもありますが、未だ教会においても社会においても理解が得られているとは思えません。

男性言語は克服できないのでしょうか。私も適切な言語を提案できないでおります。もし、それが可能とすれば、それは社会全体の大きな変化によってでしかないのではないかと思っています。言葉を変えることによって人びとの意識を変えることが先か、それとも人びとの意識を変えることによって言葉が変わってくることを待つか、という厄介な問題になるような気がします。しかし、情勢はそれほど呑気にはしていられないでしょう。

ただ、興味深い記録が私たち日本に残されています。キリシタン文書です。16世紀末から17世紀半ば頃に日本で出版されたキリシタン文書によると、「父」とある所を「親」と翻訳しています。この表現を当時の宣教師や翻訳者たちがどのような考え方で用いたかは分かりません。父親に対する敬語的呼びかけとして当時「親御様」

という言い方があったようですが、あるいはこの影響であったかもしれません。正確な所はよく分かりませんが、この表現は現在の私たちにとって、ある意味を持ちうるのではないかと考えています。

一方では、現在の用語を変えて包括言語にすることは、聖書を書き換えることにならないかという議論もあります。そうなると、言語の問題から聖書を書き換えるというさらに大きな問題に発展して、聖書を基盤として成り立つキリスト教神学の根本的な議論に移ってしまうのではないかと思うのです。こうなると、事は言語に止まらず、内容の変更にも移らざるをえません。聖書の「解釈」によって解決できるような問題ではなくなるのです。

これらの難しい問題を考えるためには、私たちは聖書によって明らかにされている主イエス・キリストにもう一度立ち返ることが絶対に必要と思われます。そこで次の命題について考える中で、再考してみたいと思います。

「万民を贖(あがな)われた子なる神を信じること」

贖(あがな)われた（ペトロの手紙 第一 第1章18〜19節、ペトロの手紙 第二 第2章1節、ローマの信徒への手紙 第3章24節）という言葉がでてきます。神学の歴史を振り返っても、この言葉はさまざまな形で理解されてきました。「主イエスはご自分を身代金として支払い、人間を罪から買い戻してくださった」、「主イエスはご自分を犠牲(ぎせい)として人間を救ってくださった」、その他さまざまな表現がされています。「贖う」という言葉には確かに「買い戻す」という意味がありますから、これらの解釈は十分成り立つと思うのです。

主イエス・キリストが活動されていた時代は、人身売(じんしんばい)

買が日常化していたと言われます。人身売買は一種の商業的行為として普通に目にすることでした。つまり、奴隷売買です。

奴隷といっても、近代のアフリカ人奴隷に見られるような陰惨な状況はむしろ少なかったようです。奴隷となるのは多くの場合、借財のため、あるいは戦争で捕虜とされた人びと、このような条件で奴隷が生まれ、人身売買が行われていたのです。しかし、身代金が支払われたり、一定の年季奉公を終えれば、奴隷の身分から解放されるのです。

贖いというのは、まさにこのように何かの不都合で敵、あるいは好ましくない相手によって奴隷身分とされてしまった人びとを、身代金の支払いによって解放することです。ですから、当時の社会では「贖い」の意味は一般的に熟知されていました。そのような人びとのために身代金を払ってくれる存在は、やはりありがたい存在であったでしょう。身代金が高額であればあるほどそうだったに違いありません。

主イエス・キリストが私たちを「贖われた」というとき、主イエス・キリストはとても私たち人間の力では払いきれないほど高額の身代金を支払ってくださったということを言おうとしているのです。おそらく、この表現は当時の人びとには、人びとが自由とされる、解放される状況を説明するためには、最も理解しやすい表現だったのではないでしょうか。

しかし、私は福音書で描きだされた主イエスの姿全体を見た時に、それで主イエスの真実が表されているだろうかと思うのです。歴史上の優れた神学者たちに対抗す

るつもりはありませんが、少し別の観点を挙げてみたいのです。「人間の模範としての主イエス、完全な人間としての主イエス」、もし、主イエスが人間の模範であり、完全な人間と呼びうるなら、主イエスの行為は同時に私たちの模範であり、私たちの行為の究極的な目的でなければなりません。前述の「なっていく」方向であり、終着点でなければなりません。私はこの点に注目したいのです。

実際、キリスト教の伝統には「キリストを真似する」という信仰的姿勢が根強くあります。「主イエスのようになる」ことがクリスチャンの究極の生き方であるという問題は、教会がその歴史のなかで説き続けてきたことです。主イエスと一体になるとか、パウロのように「主イエスを着る」(ローマの信徒への手紙 第 第13章14節、コリントの信徒への手紙 第一 第15章53〜54節、ガラテヤの信徒への手紙 第3章27節 他)「主イエスと共に」(ローマの信徒への手紙 第6章4,6,8節, 8章17節、コリントの信徒への手紙 第二 第13章4節、ガラテヤの信徒への手紙 第2章19節、エフェソの信徒への手紙 第2章5節 他多数)などの言葉は、この問題の重要性を指摘していると考えられます。日本聖公会祈祷書の入信式でも、「主イエス・キリストに似る」ことが洗礼の意味するところであると言っています。

十字架によって「贖う」ということが主イエスの最も重要な行為であったとするなら、私たち人間はこの行為においても、主イエスは私たちの模範となるのではないでしょうか。十字架を担うことが「贖う」のであれば、私たちもまた十字架を担うことによって主イエスの模範に従うことができるのです。「信じる」つまり「従う」ことができるのです。

主イエスは、私たちに「自分の十字架を担って私に従ってきなさい」（マタイによる福音書 第16章24節、マルコによる福音書 第8章34節、ルカによる福音書 第9章23節）と呼びかけられました。主イエスの呼びかけに誠実に応える姿勢の中にしか「贖う」という言葉の理解は生まれて来ないのではないかと考えます。「贖う」とは、常に他者のための行為という意味を含んでいることを記憶しましょう。

自分の十字架　私の罪

　私の担うべき十字架には二つの内容があります。一つは自分自身の罪です。「罪」というのは聖書に用いられているギリシャ語の原語から分かるように、方向が誤っているという意味です。日本語の聖書で「罪」と翻訳されているギリシャ語の元の言葉は、ハマルテーマ、ハマルティアという言葉です。この言葉の本来の意味は、興味深いものがあります。

　私たちは常に、方向、つまりどこに向かって立っているか、どこに向かって歩いているかを見失っているのではないでしょうか。私たちの向かうべき方向は、神様なのです。ところが私たちは神様ではなく、常に自分自身に向かっていると思われます。何が私たちの生きることにおいて最も大切か、私たちの命の元は何か、私たちの生きるべき方向はどちらか、が失われ、私たちは私たち自身を最も大切にしています。

　その方向の誤りを「罪」と言います。それはまた、福音書の中では主イエスご自身が、ファリサイ派の人たちに向かって「お前たちは目が見えていない」（ヨハネによる福音書 第9章40節）と言われる時に記録された事柄です。

ギリシャ語の原語は、本来はオリンピックで用いられた競技の専門用語でした。「射た矢が的に当たらない」という意味です。矢が当たらないとハマルテーマの宣言がされたと言われています。失格の意味です。このオリンピック用語を用いて、私たちの行き方、生き方が、いつも神様のお示しになっている「的」に当たっていないことを表したのです。しばしば的は向こうではなくて、自分自身が的になっているのではないかということを示しています。

　聖書は私たちの姿勢を指して「神になろうとする」として重大な過ちであると指摘するのです。罪とは、従って、神様を見るのではなく、自分のみを見ることによって自分を神にしているという意味になります。「自分の十字架を担う」とは、私たち自身が方向を見失っていること、常に自分を神にしていることという事実をはっきりと自覚し、それに誠実に直面しようとする私たちの姿勢を指しています。

自分の十字架　他者の苦しみ

　自分の十字架の、もう一つの意味は、主イエスの担われた十字架が意味するところです。主イエスには完全な人間として、私たちのような担うべき「罪」はありません。主イエスが担ったものは、他者の罪であり、悩みであり、苦しみでありました。

　主イエスを私たちの模範と捉えれば、私たちが担うべき十字架は、同じように他者の罪、悩み、苦しみであるはずです。私たちは自分自身の罪にしっかり向き合うと同時に、他者の、すなわち隣人のそれらを担うことが求

められているのです。主イエス・キリストと同様に。少なくともその方向に向かおうとすることが自分の十字架を担うことなのです。

主イエスは私の罪、悩み、苦しみを担ってくださったのです。そして他者、隣人は私の罪、悩み苦しみを担ってくれていると確信しなければなりません。ちょうど、私たちが他者の罪、悩み、苦しみを担おうとするように。

このようにして私たちは主イエスの「贖いの業」の恵みをいただく者であると同時に、その参与者ともなるのです。「贖い」を中心として築かれる神と人、人と人の関係が「交わり」と呼ばれる関係なのです。

主イエスによる担い

主イエスが担ってくださった私たちの罪、悩み、苦しみは、主イエスが完全な方であるがゆえに、完全に担われきったと言えます。私たちにはできないことですが、主イエスにはできます。私たちの罪、悩み、苦しみは完全に担っていただいたので、私たちは私たち自身の罪などについて、もはや苦しむことはないのです。キリスト教用語で言えば、「救いは成し遂げられた」(ヨハネによる福音書 第19章30節) のです。

もちろん、私たちは絶えず方向を見失いますが、主イエスがすべてを担ってくださったことによって、私たちが向くべき方向は私たちの前に絶えず指し示されています。私たちがなすべきことは、その示された方向に向き直ることなのです。キリスト教ではこれを「悔い改め」言います。原語的にはギリシャ語でメタノイア、「転回する」「方向転換」という意味です。

私たちは、そのゆえに、すでに救われているのです。赦(ゆる)されているのです。示された方向に向き直ることができるのは、すでに赦(ゆる)されているからこそできることなのです。赦されていなければ、方向を示されていなければ、一体どのような力で、私たちは転回できるのでしょうか。一体どの方向に向くべきかが自分で判るのでしょうか。このように、すでになされているという神のお計らいを、私たちは神の恵みと呼んでいるのです。

　ですから私たちは、救われ、赦されている者にふさわしい行為に踏み出さなければならないでしょう。私が重要な信仰的理解と捉(とら)えている問題を、ここでもう一度強調しておきたいと思います。それは、「救いは完成された」という真理です。

　主イエスの十字架はすべての人びとにとっての「永遠の救い」(マタイによる福音書 第19章29節、5章46節、マルコによる福音書 第10章30節, 16章21節、ルカによる福音書 第10章30節、ヨハネによる福音書 第3章15〜16節 他)でした。人類のみならず世界全体が「すでに救われた」というのが、聖書の、そしてキリスト教の世界に向けてのメッセージです。この福音を証しすることを宣教(せんきょう)と言い、伝道(でんどう)と言うのです。

　なにか善行(ぜんぎょう)をすれば救われるのではないのです。もし、そうであれば、私たちは私たち自身のする「善行」によってすべての問題を解決することができるということになります。それでは「救いは私たちの行為」によって成し遂げられるのでしょうか。私が私を救えると言うのでしょうか。そうであれば、主イエス・キリストの存在は一体何を意味するのでしょうか。十字架は何なのでしょうか。

4 問 使徒信経の主意

また、どれほど努力すれば私たちは救われるのでしょうか。救われるためにする私たちの努力にどこまですればという限度があるのでしょうか。それほどの力を私たち人間は持っているのでしょうか。

　聖週（用語解説「教会暦」、p.275）中に、私たちが伝統的な典礼で体験する「洗足（せんぞく）」(p.157) の意味を思い返してください。主イエスが弟子たちに向かって「互いに足を洗い合いなさい」と言われたことを思い返してください。私たちは自分の足を他者に洗ってもらい、そして他者の足を洗うことによって、自分では負いきれない課題を共に担ってくれる存在を感じ取り、また、他者の課題を共に積極的に担う姿勢を得ることができるのです。

贖（あがな）いとは

　ですから贖いとは、私は言語の意味が示す「買い戻す」「身代金」といった考え方より、むしろ「担（にな）ってくださる」ことと考えたいのです。主イエス・キリストの十字架はその象徴であり、それはまた私たちも「担うこと」の実践に招かれていることを示していると思います。

　「主イエス・キリストによる救い」は、すべての人間に対してなされたものであって、特定の資格によって左右されるようなものでないことは当然です。人間は救われているのです。しかし、それだけで安心してしまってはいけないのです。救われたことによって、私たちは初めて、私たち以外のすべての人間も救われている事実を知らされなければならないことを知るのです。「担うことの実践」とはここから始まります。「神様に示された方向に向き直る」とはこのことを指します。

私たちは「贖い」の単なる受け手だけではありません。「担っていただいている」だけの者ではありません。担い手としての主イエスと共に、担う側にも立っているのです。これを「宣教の業(わざ)」と、私は言いたいのです。

　主イエスの出来事は、常に「永遠」という言葉が結びついています。永遠とは長い時間を言うのではありません。時間「永」と空間「遠」を超えた事柄を言います。時間と空間を超えているというのは、時間の限界や空間の限界を打ち破っているという意味です。

　主イエスの十字架が永遠であるというならば、それは時間を超え、空間を超えて、現在の私たちにも起こっているということなのです。一言で言うなら、永遠という事柄は「常に現在」起こっていると言うべきでしょう(p.133参照)。

　「贖(あがな)い」もそうです。主イエスは今も私たちの重荷を担(にな)っていてくださるのです。主イエスはすべての問題を解決してくださったのです。しかし、私たちの方向の誤りによって、絶え間なく重荷は人間の肩にかかって来ます。実はそれもまた「永遠の贖い」の中ですでに解決されるべきことなのです。主イエスが今もなお担っていてくださるものなのです。

　だからこそ、救われている自覚を持った私たちは、主イエスと共に問題を担おうとするのです。時間的な限界の中に生きている私たちにとっては、絶え間なく起こる諸問題となるでしょうが、主イエスにとっては永遠のお働きの中ですでに担いきってくださっていることと言えるでしょう。

「子」

　「子」とは「親」に対する言葉です。聖書では特に「父である神」に対する「子である主イエス」の意味で用いられます。「子」は、古代世界では特に社会的に重要な意味を持っていました。「子」は「父」の持つすべてを受け継ぐ者です。古代世界の名前には、よく「誰それの子」というのがありますが、これなどは父親の社会的地位、権威、財産、名声などすべてを引き継いでいることを表しています。ですから誰かの子と言われれば、父親の持つすべてを持ち、父親と社会的に同質であることを示します。

　「父なる神」に対する「子なる神」は、まさにこのような点から理解すべきでしょう。主イエスは神であり、神と同質であることを明らかにするために「子」と呼ばれるのです。ですから、聖書における子である主イエス・キリストの言動は、この世における目に見える神の業(わざ)なのです。ヨハネによる福音書の最後の晩餐の場面(ヨハネによる福音書 第14章6～11節 他)は、このことを強調しています。

　ここで、もう一度、言葉について指摘しなければなりません。日本語では「子」という言葉には男女の別はありません。しかし、男性名詞、女性名詞の区別のある言語では、「子」もまた男性・女性で別の表現をします。ギリシャ語原語の聖書でもその他の言語でも、この「子」は「息子」、つまり男の子と表現します。実際、主イエス・キリストご自身も男性としての姿を現しておられます。

　父なる神と同様に、ここでも、問題が起こってきています。前に包括言語という一つの考え方を上げましたが、問題は、どのような方法を取ろうとも、実際にこれらの

言葉を使っている人間自身がどのような思いで物事を語り、表現し、理解しているかではないでしょうか。限界のある言語の変更によって、重要な問題の最終的な解決が図れるとは思えません。

しかし、主イエス・キリストの行動の中に、重要な示唆があることは疑いなく事実と考えます。

主イエスが地上の生涯を送られていた時代には、女性は人間の勘定(かんじょう)に入っていませんでした。五千人の養いという奇跡の物語でも、五千人という数字は女性や子どもたちは含んでいません（マルコによる福音書 第6章33〜44節、マタイによる福音書 第14章16〜21節、ルカによる福音書 第9章11〜17節、ヨハネによる福音書 第6章5〜14節）。古代の文書では女性と子どもの数を取り上げないのが普通です。

一方、旧約聖書にも新約聖書にも当時の文書としては女性の登場する場面が非常に多いのも事実です。ことに主イエスは、女性だからといって排除するような姿勢はいっさい見せておられません。サマリヤの女との出会いの場面（ヨハネによる福音書 第4章7〜26節）では、サマリヤ人との話し合いと女性との話し合いという二重のショックを当時の人びとに与えたようです。この例でも主イエスの女性に対する姿勢が明らかに示されます。排除はしていないという、そして女性を一人の人間として見ているということです。

女性

もし、私たちが現在の社会での女性について考えるとするなら、基本的な姿勢として心掛けなければならないのは、男性は女性を「人間」という概念から排除しない

しできないとすることであり、女性は同じく自己の人間であることを強く表現することではないかと思うのです。おそらく、このような言い方も男性優位的と批判されるでしょう。私が男性だからです。しかし、そのような基本的姿勢の中で私たちは新しい言語表現を見つけることができるのではないかと思います。もし女性たちが現状を批判し、男性社会に反対するなら、現在存在している言語表現は、すべて男性的にバイアスされているとして、多少の変更では満足できないはずです。少なくも私はそうです。全く新しい言語表現を生み出さなければならないと思います。

私たちの教会、日本聖公会はすでに女性の聖職位を男性と全く同様に認めるようになりました。当然のことながら、私は遅きに失したと思っております。しかし、すでにそれ以来20年以上を過ぎました。未だに理解の薄い地域もあるようですが、それは人は男と女という姿において存在するという神様の御業を否定することになりはしないかと深く思います。

キリスト教会が活動を開始した当時、最も他の宗教と異なった事実は、正式な礼拝に男女が同席していたという状況です。他の宗教では、ユダヤ教はもちろんですが、男女の礼拝における位置づけは全く異なりました。男性の場所と女性の場所は全く異なり、同席などは考えられていません。しかし、キリスト教会ではそうでありませんでした。使徒言行録によれば、女性もまた礼拝の場所に同席していました。

「女性たちがやかましいから静にしなさい」という指示が、その事実を明確にしています。「女性は祈るとき

には被り物を被れ」という規定は、明らかに女性の同席を示していると同時に、女性もまた礼拝における重要な役割を担っていたという証拠になるでしょう。(ここで言われている被り物とは、実は実際的に必要で、シラミが落ちるのを防ぐためでした。)

祈るという行為の意味を考慮すると、礼拝の司式者でもあったのではないかと推察できるように考えています。女性の聖職位も当然なことだったのです。

聖公会も遅きに失したとはいえ、女性が司祭として、また各地で主教として活躍されているのは喜ばしいことです。ようやくキリスト教会もかつての在り方に復帰して、女性の聖職者を持つことができるようになりました。

「命の与え主、世に働き神の民を清められる聖霊なる神」

キリスト教神学では聖霊の問題がいつも難問だとされているようです。ここでは「霊」という語を考えることで、この第三の命題を理解するように試みます。

さて、「霊」にあたるヘブライ語は霊と翻訳できるだけでなく、「風」とか「息」とも翻訳できるのです。古代語は一つの言葉でたくさんの意味を持った言葉が多いのですが、この霊もその一つでしょう。この元の言葉から、「動くもの」あるいは「動かすもの」という内容が浮かび上がってきます。

息にしても、風にしても、目には見えないけれど「何かを動かす力あるもの」というイメージが見えてきます。このことから「霊」とは動かす力を意味すると言ってよいでしょう。聖霊、あるいは神の霊は、神の動的な働きそのものを表しているといえます。

命の与え主　世に働き

　旧約聖書の創世記第2章に記録されている人間創造の物語、エゼキエル書第37章の枯れた骨の復活物語などは、数多い霊・風・息が登場する物語の中でも特に明瞭に霊・風・息の働きを示すものとしてよく知られています。霊が吹き込まれる、風が吹く、息を吹き込むことによって、すべてが動きだすのです。

　聖書を記録した人びとにとって、動くことはすなわち生きることでした。逆に、動かなければ生きてはいないと考えました。動き、動かすことは直ちに命の問題だったのです。聖霊が命を与える方である、という主張は、このような聖書の基本的な理解から生まれています。従って、聖霊は人間を動かす神の恵みであり働きということになります。

　主イエスの十字架の死によって、弟子たちはすっかり打ちのめされてしまいました。確かに復活の主イエスに出会ったとはいえ、キリストの群れとしての働きはまさに死に瀕していました。彼らにできることは、閉じ籠もって祈ることだけであったようです。彼らには主イエスの生前の教えや励ましも支えになりません。

　しかし、その時、大きな変化が彼らのうちに起こります。使徒言行録第2章に記録されている聖霊降臨の物語です。ここにも風が登場するのですが、ここから死んだようになったキリストの群れが復活します。そして主イエスによって与えられた使命に動き出すのです。命が吹き込まれたといってよいでしょう。

　この特徴的な物語は、聖霊と人間の関わりを明確に示してくれます。聖霊は常に私たち人間と共におられるこ

と、そして私たちと共に働いておられることです。私たちと共におられることによって、聖霊は私たちに私たちの必要とするものを気づかせ、その必要を満たそうとされます。

人間である私たちは、その聖霊の働きによって初めて私たちのなすべきことを知らされるのです。聖霊降臨の時のように、直接の知らせは無いかもしれませんが、私たちが私たちの行動の方向を定めようとする時、聖霊は必ず私たちの側にあって進むべき道を示してくださるはずなのです。信仰において私たちが一つの決断をする時、それは聖霊の働きが私たちに及んでいるのだと言いたいのです。

私たちは自分の力や能力によって、自分の行動を決定したり、決断したりしていると思っています。その通りである、と共にその通りではないのです。私たちにその決断をさせる根拠は一体何でしょうか。方向を決定させる根拠は一体何でしょうか。私たちの知識、私たちの能力、私たちの道徳的判断、ですか。ではそれらは一体どこから私たちの中に生まれてきたのでしょうか。

キリスト教が「聖霊は私たちと共にいてくださる」と言う時、それは私たちの決断やさまざまな問題に対する私たちの判断が聖霊の働きによってなされると言っているのです。聖霊の導きとも言います。その導きがあるからこそ、私たちは生きて動くことができるのです。その根底にあるものは、神様の導きがあって、初めて私たちは神様のみ心にかなう行動がとれるという信仰的理解なのです。

現代は自己主張の時代です。すべては私の自由で自主

的な判断によって行うことができると考えています。誤解を恐れずに敢えて言うとすれば、キリスト教は私たち人間に自分だけの力でそのようなことが可能であるとは考えていないということです。他の人びとの助けが必要であることは言うまでもありませんが、同時にすべての人間にとって本質的に必要な神の力が、つまり聖霊の助けがなければならないと確信しているのです。

清める

　一言だけ、「清める」について付言しておきたいと思います。キリスト教用語での「清める」とは一般的な用語においても同じと思いますが、余計な物を取り去ることを意味します。聖霊の働きとしての「清める」は、私たちが神様のみ心を行おうとするのに邪魔になるものを取り去るという意味です。

　これはまた、私たちの行動や行動の方向における選択の問題を含んでいます。たくさんある選択肢の中から私たちは一つを選んで行動に移ります。私たちの体は一つですから、一度に一つ以上の行動が取れません。どれを選ぶかは私たちが生きていく上で極めて重要な問題です。実際私たちは朝目を覚ましてから夜眠りに就くまで、あらゆる瞬間に選択を繰り返しています。選ぶことなしに私たちは生きていないのです。選択によって私たちは自分自身の行動を決定しているのです。選べない時には、私たちは動けなくなってしまいます。

　聖霊が私たちを「清めてくださる」ということは、聖霊が私たちの選択をあるべき姿に整えてくださるということになります。結果として、道徳的、倫理的な問題と

なるかもしれませんが、基本的には私たちが神様に従うかどうかの選択について言っているのです。

三位一体

父と子と聖霊、三位一体の神への理解を試みる時、私たちはキリスト教に特有の神学の形成過程を通過する必要があると思います。キリスト教の神学や教理の形成は、教会の日常的な生活の中から生まれてきました。始めに教理があって、神学的体系があって、そして教会が成立したのではないのです。そうではなくて、ユーカリスト（聖餐式）を中心として、それに集まってきた人びとが、さまざまな信仰的経験を積み重ねながら捉えてきた事柄の集積が次第に神学的な体系を形成するようになったのです。

実際、この「教会問答」にも現れているように、初代教会では、おそらくたくさんの人たちがたくさんの質問を投げかけ、指導者たちは全力でそれらの質問に答えようとしたに違いありません。このような質問と解答が後に神学となって体系化されるのです。私たちの神様についての質問と同じようなことが絶えずされたと想像することは容易です。信徒たちは自分たちの具体的な経験の中から質問したでしょう。三位一体という教理もこのような質問と解答という具体的で熱心な作業の中から生まれてきたのです。

おそらくその最も典型的な項目が、この三位一体と言えるでしょう。私たちの信仰の先輩たちは初代教会の困難な状況の中で、時には極限的な経験を経ながら、さまざまな形で神様との出会いを体験したと考えられます。

4 問 使徒信経の主意　　61

人びとの出会った神様は、異なった状況に応じて異なった姿を人びとにお示しになったでしょう。その出会いの体験こそが「三位一体の教理」を生み出したのだと思います。

ある人にとっては、神様は圧倒的な力を持った世界の創造主、つまり、創り主であり命の元、である父としての神の姿が強く印象付けられたでしょう。神様はそこで、すべての被造物にとっての父として受け止められたと言えます。また、ある人たちには、人として生きていくための模範としての主イエスを身近に強く感じて、神様の子としてのイエス様と自己とのかかわりに信仰の元を求めた人たちもいました。さらに、多様な生活状況の中で、生きていくための力を支え励ます神様の働きを信じる人たちもいました。

それら、様々な生きる場において、多様な印象や感じ方を神様に対して感じることのできた人たちが、自分にとっては神様は父のような方だ、あるいは共に歩いて下さる神の子である友、さらには心を常に励ましてくだり、背中を押してくださる励ましの風である神、と神様を受け取ろうとする人たちもいたでしょう。それら、人との多様なかかわり方によって、神様は父であり、友である神の子であり、励ましの風とも受け止められたのでしょう。

神様はそのようにして様々な姿で人びとに接してこられました。人たちはそれを神様の三つの位格と理解しました。それが三位一体と呼ばれる信仰の形を生み出していったと言えるでしょう。人びとの多様な神体験が、この理解を形作ったのです。

5 問 信経では教会をどのように言っていますか

答 「使徒たちよりの唯一の聖なる公会」と言っています

「使徒たちよりの」

　主イエスには忠実な弟子たちが多くいたと記録されています。弟子たちの中でも特に主イエスによって選ばれた人たちを使徒と呼びます。使徒たちは主イエスと直接接してその宣教の旅の同行者であった人たちで、ことに主イエスの最後の晩餐の参加者たちでした。唯一の例外としてイスカリオテのユダが挙げられますが、その他の十一人の弟子と、ユダの位置を受け継いだマッテヤ(マティア：使徒言行録 第1章23～26節)には古くから使徒の称号が与えられています。もう一人、パウロも使徒の一人と数えられていますが、これはパウロの得た特別な主イエスとの出会いの体験（使徒言行録 第9章）によってでしょう。

　使徒であることは、主イエスからその使命を継続していくように直接の委任を受けた「権威」を持っている人たちを意味します。ことにその権威は、最後の晩餐において見られるようにユーカリスト（聖餐式）の主宰者としての権威です。ユーカリスト(聖餐式)については後（問21～25、p.141～）で詳しく触れたいと思いますが、キリスト教会成立の根拠であるユーカリスト（聖餐式）と使徒とは密接に結びついています。事実、教会の成立、その発展、組織、制度の一切はユーカリスト（聖餐式）の実践なくしては考えられません。

実際、初代教会の記録からは、信徒たちが正式に集会と考えていた礼拝はこのユーカリスト（聖餐式）でした。それ以外に礼拝がなかったかどうかは明らかでないのです。おそらく、何らかの形の礼拝はあったと言えるでしょうが、私たちが今手にする記録からすれば、ユーカリスト（聖餐式）のみが正式なクリスチャンの集会と考えられていたことは明白です。

　ユーカリスト（聖餐式）の真の主宰者である主イエス・キリストと、その意味でも直接結びついている人たちは、主イエス・キリストと共にキリスト教会の本質を現している人たちと言えます。「使徒たちよりの」は言い換えれば、「主イエス・キリストから直接」ということになります。従ってこの命題は、主イエス・キリストから直接委任を受けた使徒たちと直接結びつき、歴史を通して絶えることなく継続しているキリスト教会の本質を示しているのです。

　また、それはキリスト教会が主イエス・キリストの権威を保っていることを示し、従って、主イエスが神様のみ心を欠けるところなく実行されたことによって、パウロの言うように、教会はキリストの体であることを表しています。この命題は単に歴史的なつながりだけを示すのではなく、主イエスの働きを永遠的に、そして宇宙的に継続し、実践している教会のあり方を表明していると言えましょう。

使徒を継承した主教

　キリスト教会における使徒の後継者を「主教」と呼びます。主教は使徒たちが主イエスから委任されたように、

使徒たちから委任を受けてユーカリスト（聖餐式）の主宰者の権威を受け継ぎました。このことによって、現在、主教は使徒の職務の具体的な実行者として、使徒継承権を保持しているのです。キリスト教会は主教職を保つことによってのみ、キリストの体であることを現すことができるのです。この問題はさらに聖職位について考える時にもう一度取り上げたいと思います。（問30〜31、p.190〜）

「唯一の」

　唯一という概念は一方で「絶対性」を含んでいます。たった一つというわけですから、他に類似したものすらないのです。教会をこのように呼んでいるのは、教会が主イエス・キリストの体であるということから始まっていると言えるでしょう。神が唯一であり、主イエス・キリストがただ一人でいらっしゃったから、その体である教会は唯一でなければならないのです。

　このような主張は、教会自体の在り方として長い間唱えられてきました。そしてしばしば、教会の権威の問題と併せて語られてきたのです。その結果、キリストの教会のみが正義・公平・真理などなどを保持し、絶対的な正しさを表しているという主張です。

　私たちにとって、この主張は極めて難しい問題を提起します。もし私たちが、キリスト教会だけが現代世界において正義を主張しうると言うなら、直ちに強力な反論が起こるでしょう。確かに、教会自体が歴史の中で、現在では到底考えることのできないような不正や不当な姿勢を取ってきたことは事実だからです。

　近世に入ってから、一般社会が教会から離反したり、

教会を攻撃したりすることのほうに、むしろ正当性を感じる人たちは少なくありません。教会の「唯一」という主張には客観性がないと言わざるを得ないのです。世界的にものを考えれば、多くの宗教があり、多くの思想があり、それぞれが同じような主張をしているのです。つまり自己正当化は主張の数だけあるのです。このような具体的な状況の中で、キリスト教は一体どのような根拠に立ってその「唯一性」を主張できるでしょうか。

　根本に戻って考えてみましょう。教会の唯一性は主イエス・キリストの唯一性に基本的に依存しているという事実です。そこで私は、この唯一性の問題を哲学とか思想の範囲で取り上げること自体が間違っているのではないかと思うようになりました。極端かもしれませんが、教会の唯一性とはそのようなものではないのだと言いたいのです。私たちが依存しているのは主イエス・キリストの哲学的な存在ではありません。それは主イエス・キリストの具体的な目に見えるみ言葉と行為そのものなのです。そこに、主イエス・キリストの独自性と永遠的な意味の中に、他と比較することのできないような「唯一性」を認めることなのです。

　教会がその唯一性を主張しようとするなら、教会は主イエス・キリストの体であるという聖書時代、初代教会の信仰的宣言が、現代においても事実であるかどうかの検証をしなければならないでしょう。実はその事実であることを現実とするのは、主イエスに絶対的な服従において行う私たちの働きそのものでなければなりません。

　「唯一」であることは、ある一定の状態を言うのではなく、そのようにして生きていこうとする私たちクリス

チャンの在り方についての問題提起ではないかと考えます。唯一の聖なる公会という表現は、ある存在論的な主張や事実を述べているのではなく、そのように生きる私たちクリスチャンの本来の在り方への提言であると言わざるを得ません。私たちは実は、このような表現を現実化するために招かれていると、私は主張します。

「聖なる」

「聖」「神聖」は、キリスト教において特別な意味を持っています。これは「多数ある同種のものの中から、神によって選ばれた独自のもの」と言うことができます。この世に多数ある人びとの集まりの中から、主イエスを主と呼び、信じる人たちの集団を教会と言いますが、これら神様によって選ばれた人たちが形成する人びとの集団で、他の集団とは異なっていることは、神様から特別な使命を与えられているということです。その使命とは言うまでもなく、「福音の宣教」と、この世に仕えることによって「主イエスの地上の働き」を「目に見える姿で」継続するところにあります。

「聖なる」とは、単に罪を清められたとか、優れたといったことではありません。私たちは「聖」という言葉がなにか神々しいものを指すと考えてはいけません。それは、聖なるものとは、特別な意味や目的や使命を持ったもので、他とはその点で区別されていると捉えたいのです。

他と区別された建築である聖堂、他と区別される書物である聖書、他と区別された人間である聖人、他とは区別される特別な意味を持った土地である聖地、聖と言われるすべてのものは、そのように呼ぶ人たちによって他

とは区別した特別な意味や役割があるのです。

　教会という人たちの集まりもそうです。私たちクリスチャンにとって、それは特別な意味を持っています。私はここで、人びとが持っている特別な意味を僅かなもので特定しようとは思いません。むしろ私は一人ひとりに、「あなたにとって教会はどのようにして聖なのか」と質問を投げかけたいと思うのです。真に教会が聖であるかどうか、主イエスによって与えられた使命を真実に果たしているかどうか、あるいは果たそうとしているかどうか、を検証していただきたいと思います。「私たちは聖なる者だ」などと安心していただきたくありません。

「公」

　日本聖公会が明治22年に正式な設立を宣言した時、この名称を採用しました。実は「聖公会」はすでに中国における教会で実際に用いられていましたから、日本でこの名称を採用したのは決して歴史的に最初のものであったわけではありません。しかし、現在でもアジアの漢字文化圏では、私たちの伝統を共有する教会、韓国、台湾、香港、その他漢字で教会の名称を表記する所で、皆、この「聖公会」を用いているわけです。

　さて「公」ですが、これは英語で言えば「カトリック」の翻訳なのです。カトリックは現在では「ローマ教会」の専用語として固有名詞のようになっていますが、実はこれは、「全体の」、「全体のため」、「全体にとって」、「全体から」といった意味のギリシャ語「カタホレー」から起こった、形容詞、あるいは普通名詞です。

　ローマ教会がこの名称を多用するようになったのは、

比較的最近のことで、アジア諸国では長く「天主教会」あるいは「天主公教会」などと言っていました。日本でローマ教会が正式に「カトリック教会」と称するようになったのは、第二次大戦後のことです。アジアで私たちの教会が「聖公会」の名称を用いだした時、ローマ教会は大変残念がったというエピソードがあるということです。歴史的な教会、すなわち、主イエスとその弟子たちから歴史的に直接連なっているキリスト教会にとって、この名称は、おそらく、最もキリストの教会を表現するのに適当であったからでしょう。

しかし、この名前はその意味について歴史的にさまざまな変遷を経てきました。中世に入る直前に活躍したある神学者は、「カトリック」の意味を述べて、「いつでも、どこでも、誰にでも」受け入れられるべき真理を保持する教会を表す名称としました。ここから始まって、教会が国家と結んで力を得るようになると、「誰でも教会の教えを受け入れなければならない」というような変化を見せるようになります。また、このような理解からその「教会の外に救いはない」という発言も出てきたのです。

キリスト教から世界に向かってされたこのような宣言には、それなりの正当性は十分に認められます。しかし、これらの発言を教会が正式に採用したことはないとしても、後の教会のさまざまな活動、ことに宣教活動にとって、必ずしもプラスの影響ばかりではありませんでした。キリスト教の正当性を強く主張すればするほど、同時的に「排除の論理」が働くようになったからです。キリスト教は基本的にすべてを含もうとする姿勢で一貫しています。排除せず、人びとのありのままを受け入れながら、

主イエスの永遠の救いを宣べていくのがキリスト教の本来的な姿勢であったはずです。「公」とはそのことを示す教会の姿勢なのです。

「だれでも受け入れられるはずの真理」から「受け入れない者は人ではない」に移っていく論理の流れは、キリスト教にとって真に不幸なことでした。今や、教会自身がこの不幸に気づき、真に主イエスの立っておられた所に帰ろうとするさまざまなしるしが現代世界の諸教会の働きに見えるのは嬉しいことです。

「公」は、とりわけ教会がすべての人びとに開かれていることを示します。特にこの語が示そうとしていることは、英語で言えば「オープン」ということでしょう。オープンとは、ただ扉が開いているというだけではありません。他者に向かって開かれた、と同時に、自らも開かれていなければなりません。つまり異質のものに対して、自分に同化するように強要する姿勢があってはならないのです。時には教会自身が他の異質なものとのオープンな関係の中で、自分自身も変化する可能性を保っていなければならないということです。

主イエスは、聖パウロによれば、「神であるのに、その身分を捨てて人間の世界に入ってこられた」（フィリピの信徒への手紙 第2章6～7節）とありますが、これは明らかに主イエスが彼にとっては異質なこの世界に入ってこられたことを言っています。そして十字架の救いによって、世界の状況を受け入れられたのです。むしろ主イエスはご自身がいかにしてそのような世界に受け入れられるかを真剣に祈られたと言ってよいでしょう。

教会が歴史の中で社会的に大きな権力を持つようにな

ると、主イエスの姿勢を忘れがちになりました。「仕えられるためではなく、仕えるために」(マルコによる福音書 第10章45節)というみ言葉に反して、「仕えられるため」の姿勢が、教会の在り方にしばしば見られるようになってしまいました。

「公」とは「さまざまな異質のもの」を受け入れる姿勢を意味します。独善は「公」の反対語といってよいでしょう。そして自らも「他者にとっては異質なのだ」という事実を認めることです。キリスト教に対して明らかに反すると思われるものについても、私たちはこの基本を忘れてはならないでしょう。このように、「公」は私たちクリスチャン自身の他者への姿勢を表しています。教会があらゆる条件においてこの姿勢を保つことが、実は世界に対する教会の存在理由の証明になると考えています。

私たちは、「異質のもの」に特別な感情を持ちます。時には崇めたてたり、時には侮蔑したりするのです。そしてそこでは、いつでも「自分の感情」が主役であって、どのような姿勢で他者と関わるかといった、キリスト教の信仰的基本はすっかり忘れます。意見が違ったりすればなおさらです。教会の分裂も、この基本を忘れたところから起こったといっても過言ではありません。同時にこれは「差別」の問題とも直接つながります。

差別

「差別」というのは本質的に、「異質なものを認めない」ことから始まります。一方では同化を強要し、一方では排除するのです。人種・信条・性・身体的障がい・病気・

文化的条件・社会的条件・社会的身分・歴史的条件など
など、「差別」の理由は数知れません。そして「差別」
は私たちが「異質のものを認めない」ということから起こ
りますから、すべて私たち自身が作りだすものなのです。

　私たちが心にしっかり留めておくべきなのは、「差別」
は直接的に私たちの信仰、キリスト教の基本に関わって
いるということです。なぜなら、キリスト教の基本とし
て、人間は人間であり、人間が他の人間を人間でないと
否定することは、神の業(わざ)である創造の原理を否定するこ
と以外の何ものでもないからです。即ち、他の人も、私
とまったく同様にまったくおなじ神様によって創(つく)られた
存在であるということを忘れてはなりません。ですから、
「差別」の問題が明らかになった時に、それは私たちの
信仰の課題として捉(とら)えなければならないのです。そして
時には、差別することは自己否定につながることでもあ
ると知るべきです。

「会」

　「会」については、冒頭述べた教会・エクレシアの項
目（問1, p.19～）をもう一度読んでください。

著者からの質問2

2〜5問「信経」を振り返って

「信じる」ということは、あなたにとって何をすることですか？

＋ ＋ ＋ ＭＥＭＯ ＋ ＋ ＋

6 問 教会の信仰は何に基づいていますか

答 神のみ言葉とみ業(わざ)に基づいています。それは聖書に示されています

7 問 聖書とは何ですか

答 古い契約の民にゆだねられた神のみ言葉を書き記した旧約聖書と、イエス・キリストによって啓示(けいじ)された神の永遠の目的を書き記した新約聖書から成っており、救いに必要なすべてのことがここに記されています

　信仰についてはすでに述べましたのでここでは、神のみ言葉とみ業(わざ)、そして聖書に焦点を当ててみようと思います。

聖書の構成

　聖書は英語でバイブルと言います。バイブルはギリシャ語のビブリアからの英語化です。ビブリアとは書物を意味する言葉です。これは多数の書物をまとめたものです。大きな塊としては、旧約聖書39巻、新約聖書27巻、そして旧約聖書続編15巻の3つがあります。日本聖公会では世界の諸教会と共にこれらのすべての書物を「神のみ言葉」として受け入れています。

しかし、聖書が現在の形と構成になるまでには紆余曲折の歴史がありました。それは何が真に「神のみ言葉」でありうるか、という問題だったからです。最終的に現在の構成を教会が承認して、正典として受け入れたのは5世紀に入ってからでした。聖書は主イエス・キリスト以来約400年の間、次第に形作られてきたことが分かります。教会が正典として承認し、受け入れたということは、聖書には「神のみ言葉」である権威を認めたということです。そのゆえ、聖書はキリスト教会の信仰の基準となるわけです。同時に正典とは、教会の礼拝において公式に用いるべき書物という意味です。聖書の権威はこの重要な点を当然含むことになります。

　聖書の歴史については、さまざまな書物や研究が発表されていますから、詳しい学びはそれらの書物で学んでください。また、教会での聖書研究会で学んでください。それぞれの教会での聖職の方々との学びの機会を大切にして下さい。たくさんの注解書という聖書の研究所が出版されておりますが、どれも大切なものとして学びの中に組み込んでください。おそらく教会の聖職の方が良いものを紹介して下さるのではないでしょうか。

　また、19世紀に入って特に重要な研究として、主イエスの日常生活といった、当時の社会的な状況や当時のパレスチナの生活についての研究書も多数出版されておりますが、これらも当時の生活の背景を学ぶ上で重要な資料となるはずです。考古学的な聖書記述の裏付けの研究が進むとともに、主イエス様の日常に目をむけることも活発になってきました。19世紀以降の特徴的な傾向です。これらの研究によって主イエス様のお話や聖書の

記述の内容がより正確に理解できるようになりました。さらに、例え話、寓話などの内容の理解がさらに深められるようになったのも事実です。

聖書（旧約聖書・新約聖書・旧約聖書続編）とはどのような書物か

書物としての聖書は大変興味あるものと言えましょう。長い歴史の中で、聖書は、ある時には歴史書として、あるいは文学書として、時には道徳の教科書として、さまざまな顔を見せてきました。私たちにとっては「信仰の書」であり、神のみ言葉、私たちの救い（私たちの生き方の方向転換）に必要なすべての事柄を示している重要な書物であることははっきりしています。しかし、私たちもまた聖書をさまざまな角度から読むことは当然許されていると言ってよいでしょう。

しかし、私たちがここで明確に理解しておくべきことがあります。それは聖書は、歴史上のある一点で作り上げられ、それを基準としてユダヤ教なり、キリスト教が成立していったのではない、ということです。聖書は旧約聖書も新約聖書も、長い年月を経て徐々に積み上げられ、編成されたものなのです。書物を書くということが極めて困難な時代に、記録は常に口伝によって伝えられました。人から人へ口伝で伝えられていったのです。この口伝が次第に書物として記録されるようになり、それが積み上げられて現在のような聖書の形の原型を生み出すようになったのです。

私たちはこの伝えられ方に注目したいと思います。伝えることは、何かの秘伝のように特別なグループの人び

とを通してであると言えますが、それは決して秘密に伝えられたわけではありません。むしろ、ユダヤ教にしてもキリスト教においても、伝えることは常に人びとの集会において語られることによって行われました。

集会の指導者が、人びとに向かって語ることの集積が口伝としてまとめられ、それが次第に書物の形で記録されていったのです。この伝えられ方は当然その内容に対して大きな意味を持ちます。集会に集まる人びとにとって最も重要と考えられる事柄や、特定の時に、あるいは特定の条件や状況、また最も重要と思われる事柄が述べられていることは当然でしょう。旧約聖書の預言書や新約聖書の書簡によく見られるように、その内容は同時代の重要な問題を取り上げ、それについて論じているのです。ですから私たちは当時の具体的な状況を理解して初めて、聖書の内容が理解できるといっても過言ではないのです。

一方、私たちは聖書を「神のみ言葉」、すなわち「神よりの啓示」と捉えています。このような表現は重要です。といいますのは、これが「神の啓示」という時、それは「神の普遍性」を同時に言っているからです。当時の独特な歴史状況や特殊な事情に対する議論であると同時に、その内容は、「普遍的」であり、「永遠」であるということになります。ここから、聖書に書かれている事柄は現在においてもそのまま信じなければならない、といった考え方が出てくるわけです。

これに対して、その内容は当時の歴史的、社会的、経済的特殊性を含んだものであるから、聖書を「神のみ言葉」として受ける時には、当然現代の状況と照らし合わ

せて、解釈しなければならない、という立場もあるのです。どの程度解釈の幅があるのか、これが聖書理解にとって極めて重要な課題になるでしょう。なぜなら、解釈の幅を狭くすれば結局、現代的状況への示唆(しさとぼ)は乏しくなります。解釈の幅を広くすれば、その幅は際限なく広がり、解釈は次第に原典を離れていくことになるでしょう。つまり聖書が「神のみ言葉」から人間の恣意(しい)の表現に変わってしまいます。

これらの問題を解決するためには、私たちにはほとんど一つの方法しか残されていません。それは原典が記録された当時の状況に深く立ち入らなければならない、ということです。前述のように主イエス様の日常生活を理解しようとする試みなど、聖書以外の書物で、当時の状況を記した歴史書などがこのためには是非必要になるのです。逆に聖書から始まって、当時の状況を調査しようという試みもなされました。それが現在「考古学」と呼ばれる新しい学問の誕生ともなりました。聖書から、また、他の研究から、このように当時の状況を私たちの聖書研究の中に再現していく作業がどうしても必要になるということを、まず理解しておきたいと思います。

聖書研究

このために、教会では絶えず「聖書研究」が行われるのです。極端な言い方をすれば、現在私たちが持っている「聖書」がそれで完結し、完全な形であるという保証はないのです。聖書は口伝から次第に書物として編纂(へんさん)されていった、と申しましたが、その編纂の過程では、パピルス（葦(あし)の繊維(せんい)を重ねて作った紙の祖先）とかパーチ

メント(羊皮紙)のような素材が書物制作の材料として用いられました。これらを「写本」と言いますが、特に19世紀以来、これら写本の研究が飛躍的に進展しました。

ところが研究が進むにつれて、学者たちの中で起こってきた問題は、未だどこかに発見されていない写本が埋もれているのではないかという疑問です。この疑問を否定する根拠は全くありません。かえって、そのような写本の存在を推定するほうが現実的なのです。もし、現在、私たちが用いている聖書の内容と全く異なる「聖書の写本」が発見されたらどうなるのでしょうか。おそらく私たちはキリスト教を根本的に捉えなおさなければならないということになりかねません。これは極端で、おそらく、あり得ないことと言えるかもしれませんが、可能性がゼロになったわけではありません。

ここで、絶えず行われる「聖書研究」の重要性を捉えてくださればよいと願って、このような極端なことを申し上げるのです。実際、これに類似した事件が起こりました。1947年に「死海写本」が発見されました。この年代に注目してください。歴史的にはつい近年のことです。この写本の内容が、現在のキリスト教会に根本的な変化を及ぼすと考えている学者がいることも知っておいてよいでしょう。ここでもまた、「解釈」の問題が重要な問題になっています。今後、このような写本が新たに発見されないという推測は、むしろ現実的ではないでしょう。

信仰の基準としての聖書

「聖書は神のみ言葉」「聖書は神の啓示の書」という命

題についてさらに考えなければなりません。前述のように、今なお、聖書そのものは内容的に変化の可能性を秘めているとはいえ、現在の私たちにとっては、今私たちが手にする聖書が私たちの信仰の基準であることには変わりはありません。写本についての細かい研究は現在も慎重になされている一方、教会は現在私たちが持っている聖書を「キリスト教の正典」と確認しています。私たちはこのように教会が公認した書物を、まず基本として考えるべきでしょう。現在ではそれ以外に、認めるべき「聖書」と呼んでよい書物はないからです。

聖書研究によって私たちが学ぶ事柄のすべては、私たちがいかにして神の意思を捉え、それに従い、なすべき実践に進んでいくことが出来るかを示唆し教えます。つまり、私たちの人間としての「生き方」が示されるのです。一人の人間である私に、生き方の中で何が最も重要であるか、何が私を人間とするのか、それによって私が初めて人間として生き、人間として死ぬことができるのか、そのために不可欠な「神の意思」をいかにして私の意思とすることができるのか、などなど。しかも、それは私のみならず、すべての人びとにとっての課題なのだ、という示唆が聖書の述べようとする内容なのです。

始めに、聖書は集会の中から生み出されたと申しました。キリスト教においてその集会とは、ユーカリスト（聖餐式）でした。神との一致、そして神の意思と神のみ業と人間の意思と行為の一致を実現しようとするユーカリスト（聖餐式）の中で語られたことが聖書となっていった事実を、もう一度思い起こしましょう。後に福音書となる部分について、ことにこの問題が明確になるで

しょう。このような時に、主イエスはどうされるだろうか、つまり主イエスと一致するなら私たちはどうすべきなのだろうか、これが福音書を形成していった、ユーカリスト（聖餐式）においてなされた口伝の内容だったからです。

特に福音書の成立で重要な中心部分である「受難・十字架・死・復活」が、初代教会から一つの大きな口伝（くでん）の固まりであったことは記憶すべきでしょう。この物語は明らかに、私たちが主イエスに従い、神の意思を受け入れ実行するべき者として長く記録されているからです。ですから、私たちは、「聖書が基準である」と言うのです。前項で「聖書」は未だ完結していないかもしれない、と申しましたが、現在私たちが持っている「聖書」によって、私たちは基準としています。それ以上の問題は新たな発見があった時点で考えればよいのです。

集会・ユーカリスト（聖餐式）からすべては生まれた

ここで聖書のみならず、キリスト教を形作っているすべての事柄が集会・ユーカリスト（聖餐式）から起こっていることを再確認しておきたいと思います。キリスト教は、ある一定の教理や制度、組織やシステムが確立されて後に成立したのではありません。それらのものがあって教会が成立したのでもありません。歴史は明らかにこの重要な問題を表示しています。人びとが主イエスを主と信じ、主と唱えて集まり、主イエスが命じられた重要な集会である「最後の晩餐」を行うこと、すなわちユーカリスト（聖餐式、主の晩餐）を行うことの中から、すべてが徐々に生み出されてきたのです。礼拝はもちろ

んのこと、礼拝を整えるための祈祷書、礼拝を行う場所、礼拝を行うためのさまざまな手順や規則、礼拝の責任者、礼拝で語るべきこと、すべてです。

ここから礼拝の責任者である使徒たち、そしてその後継者である主教、その責任を分担する司祭、礼拝の執行の準備などの具体的な責任者である執事が後に聖職として専門職となっていきます。そして、専ら礼拝を行う場所としての礼拝堂、教会堂が建設されます。礼拝を伝えられた伝統に従って行うために祈祷書が生まれます。祈祷書と共に礼拝の音楽も整備されていきます。礼拝で語られる主イエスの福音と使徒たちの教えが、聖書という書物でまとめられていきます。礼拝の執行に必要な手順や規則が教会法に発展していきます。

このように見ていきますと、私たちは礼拝・ユーカリスト（聖餐式）を通さずにキリスト教を捉えることは全く不可能であることが分かると思います。聖書も同様です。礼拝・ユーカリスト（聖餐式）という人びとの具体的な信仰生活を理解せずに、ただ現在の聖書の字づらだけで聖書を理解しようとしても、おそらく誤解だけが残るに違いないのです。ユーカリスト（聖餐式）についてはまた別の項目（問 21～25, p.141～）で考えたいと思いますが、その基本的な重要性をまず捉えていただきたいと思います。

聖書、特に新約聖書の内容について

このように、聖書、ことに新約聖書は、キリスト教がユダヤ教から脱却してゆく過程で熱心に行っていたユーカリスト（聖餐式）から生まれましたから、当時ユーカ

リスト(聖餐式)に集まっていた人びと、つまりクリスチャンたちの具体的な状況が色濃く反映しているのは当然です。

後に新約聖書にまとめられる事柄をユーカリスト(聖餐式)で語っていた使徒たちや教会の指導者たちは、自分たちが語っていることが未来永劫(えいごう)にわたって、聖書として読み続けられ、キリスト教の正典とされるだろうなどとは、考えてもいなかったでしょう。もちろん、後継者たちが、彼ら指導者たちが語ったことを記録することを許した事実があったことは当然でしょうが、それはあくまでも近い未来のこととしか考えなかったと思います。ですからその内容も、その範囲で理解しようとしなければなりません。中には、現在では考えられないような具体的な問題も含まれているのは当然でしょう。

従って、現在私たちが新約聖書を学ぶ時、ことに聖パウロの手紙などは、当時の実際的な状況にふれたものが多いので、注意深く読み、その内容を理解する必要が出てきます。

福音書においても同様です。近年論議を呼んでいるさまざまな神学的論争の関わりでは、正確に主イエスご自身の語られたみ言葉の発見と、使徒たちが彼らの記憶の中から思い出した主イエスのみ言葉、また、教会の具体的な状況の中から指導者たちが必要とした教えで主イエスのみ言葉とされたものの分析が盛んです。

このような研究は、聖書の価値を損なうためにされるのではなく、かえって当時教会が直面していた具体的な状況を理解し、それによってさらに私たちの聖書理解を深めるためにされるのです。この結果、私たちがこれま

で当然としてきた多くの事柄が大幅に修正されることも起こるに違いありません。これは「神の啓示」の変更や否定ではなく、むしろ一定の状況において「神の啓示」の大きさ、広さ、深さを示し、神の偉大さを再確認するものになるはずです。

救いに必要なすべてのこと

重ねてになりますが、最後に「救い」について簡単に述べておきたいと思います。

「救い」という言葉自身は、「状況が180度変化する」、「方向が大きく変化する」、「死んだものが生きる」、従って「私たちの行動に変化が起こる」などと言うことができます。いずれにしても、方向と変化がその中心的な意味になるでしょう。聖書に学び従うことは、私たちに大きな変化を及ぼすのです。自分に向いていた方向が神に向かうと直接的に言ってよいでしょう。あるいは自分に向いていた方向が、神と他の人びとに向かうと言うべきでしょうか。

私たちは当然のことながら、最大の関心事は私たち自身です。私たちはまず私たち自身のこと、ことに私たちにとっての利益や良いことに関心を向けます。それが最も大切なことと思い込んでいます。確かにそれも無理もないことです。しかし、その方向性に聖書は真っ向から挑戦します。私たちにとっての最も大切な方向は「神に向かうこと」そして「他者に目を向けること」、とくに「弱いもの、小さいもの」に向かうように強く要求致します（マルコによる福音書 第9章16～37節）。

神の恵みはすべての人びとに与えられていると言いな

がら、私たちは、その神の恵みが阻害(そがい)され、恵みから遠ざけられている人びとが数多く存在することを知っています。これらの人びとこそが、聖書が私たちに向かうべき人びとと勧める人びとなのです。

ここでは大きな方向転換(p.50〜)が要求されていることを強く感じます。聖書とはそのように、私たちに方向転換を勧め要求する書物なのです。そして、これが人間存在に関わる真理と言っているのです。これを聖書は「救い」と言います。

主イエスはこう言われます。「もし、救われたいと願うなら、永遠の生命を得たいと願うなら、私が担うのと同じ十字架を担(にな)って私について来なさい」(マタイによる福音書 第16章24〜25節、マルコによる福音書 第8章34〜35節、ルカによる福音書 第9章23〜24節)。主イエスの十字架とは、主イエスご自身の悩みや苦しみではありませんでした。それは人びとの悩み苦しみでした。主イエスが私たちに十字架を担え、と命じられる時にも同じです。

私たちが担う十字架は私たち自身の悩み苦しみではありません。他者の悩み苦しみです。その十字架を担うことが私たち自身の「救い」だと聖書は断言します。聖書が語ろうとする中心的な問題がここにあり、それは私たちに大きな方向転換になるはずのことなのです。

著者からの質問3

6〜7問「聖書」を振り返って

聖書は、多くの方の信仰告白です。
現代において、あなたが聖書を書くことは可能だと思いますか？

＋ ＋ ＋ M E M O ＋ ＋ ＋

8 問 旧約聖書に記されている神の戒めを言いなさい

答 わたしはあなたの神、主であって、あなたをエジプトの地、奴隷の家から導き出した者である。

第一、あなたはわたしのほかに、何ものをも神としてはならない。

第二、あなたは自分のために、刻んだ像を造ってはならない。上は天にあるもの、下は地にあるもの、また地の下の水の中にあるものの、どんな形をも造ってはならない。それにひれ伏してはならない。それに仕えてはならない。

第三、あなたは、あなたの神、主の名を、みだりに唱えてはならない。

第四、あなたは、安息日を覚えて、これを聖とせよ。

第五、あなたの父と母を敬え。

第六、あなたは殺してはならない。

第七、あなたは姦淫してはならない。

第八、あなたは盗んではならない。

第九、あなたは偽証してはならない。

第十、あなたはむさぼってはならない。

9 問 この戒めについて、主イエス・キリストはどのように教えられましたか

答 「『心を尽くし、精神を尽くし、思いを尽くして、主なるあなたの神を愛せよ。』これが一番大切な第一の戒めである。第二もこれと同様に大切な戒めである、『自分を愛するようにあなたの隣り人を愛せよ。』これらの二つの戒めに、律法全体と預言者とが、関わっている」と教えられました（マタイによる福音書 第22章37～40節）

10 問 あなたはこの戒めを、人の力で守れると思いますか

答 人の力だけでは守られません。神の助けが必要です

11 問 あなたは神の助けをどのようにして求めますか

答 教会の公祷、聖奠、その他の礼拝と各自の祈りを通して求めます

モーセの十戒

ここに上げられている10項目の戒めを、私たちは普通「モーセの十戒」といいます。それは出エジプト記

第20章に、この十戒が神からモーセに与えられた物語が記録されているからです。この時以来、十戒はユダヤ教を形成する軸になる重要な戒めとなりました。預言者たちの教え、あるいは罪の糾弾は、すべてこの十戒に基づいているといってよいでしょう。

十戒の全体を見ますと、どの項目も「神と人間の関係」「人間と人間の関係」について述べていることに気づきます。この「関係についての戒め」という概念は、聖書において極めて特徴的なことのように思われます。ですから、宗教学などではキリスト教を「関係の宗教」と呼んでいるほどです。神と人、人と人の関係をいかに整理していくかが、信仰上の重要な課題として挙げられるのです。神と人の関係、人と人の関係、人と自然との関係などが、キリスト教の主題となっているとも言えるでしょう。

聖書は創世記からヨハネの黙示録に至るまで一貫して、神と人間の正しい関係について語ります。私たちはここで聖書の究極的な主題が、「神を神として崇めること」と、「神になろうとする人間の問題（罪）」であることに注目したいと考えます。その意味で十戒は、私たち人間の実際の生活の中で、この究極的な主題を明確にしているといってよいと思います。各項目はすべてこの関係を整えることによって聖書の主題の実現を目指していると言えます。

第一から第四までは、直接、神と人間の関係のあるべき姿を述べています。「神を神とする」という主題が強烈に繰り返されます。強い否定語が繰り返されますが、抽象的な言葉が不足していた古代人にとってはこのよ

うな表現が必要であったのでしょう。古代の人びとはこの言葉を聞いて、「絶対的な神の存在」を実感したに違いありません。同時に、私たち人間が神になろうとする欲求がいかに強いかという事実を思い知らされたことでしょう。

「神になろうとする」人間の試みは、私たちの生活や日常にごく普通に起こってきます。私たちが常日頃から経験する、自己正当化、不当な自己弁護、支配欲、他者の無視、わがまま勝手、などに露骨に現れます。主イエスが「人を裁いてはならない」(マタイによる福音書 第7章1節、ルカによる福音書 第6章37節)と教えられているのも、ここに直接関係のあることです。主イエスはこのみ言葉で、裁くのは神の権威であって、人間はこの権威を侵してはならない、と教えておられるのです。

創世記第3章にある禁断の木の実を食べた男と女の物語もそうです。男は女の誘いを断罪し、女は蛇の誘いを断罪します。いずれも神の領域を侵していることが描き出されていることに注目しましょう。

この原則的な主題は、十戒の後半においても同様です。第五から第十までは、おもに人間と人間の関係について語っています。どれ一つを犯しても、人間の関係が破壊されることは明らかです。しかも、それらのどれもが神の領域を侵すことになるのです。一つひとつはごく当たり前のことを言っているようですが、内容はこの意味で深刻でしょう。

ことに、古代社会の基礎が実質的な共同体社会で成り立っていたという事情を考えると、人間関係の整備は、社会全体と同時に、その社会に属している個人の存在に

直接関わることでした。聖書を記録した人びとは、この事実を熟知していました。全体の中に在る個人の関係が容易に社会全体を崩壊させることを、経験的に知っていたのです。人間の自律性が未だ十分に確立していない時代には、社会に一定の枠を設定して人びとの自律性を促すことが重要な課題だったのです。

聖書時代にはすでに相当高度な法律があったことが知られていますが、一般民衆に対してその法律を施行するためには、より具体的な言葉が用いられなければなりませんでした。十戒は、そのような法律を神の意思として改めて受け入れたことを現しています。単に人間の共同体の問題としてだけではなく、神の共同体、すなわち神に選ばれた神の民の問題としてです。

キリスト教会は、聖書を正典と承認した時に、当然ですが、十戒をもキリスト教会の法の基本として受け入れました。キリスト教会がイスラエルの民の信仰共同体と同様に、主イエス・キリストを頭とする信仰共同体（神の家族）であることを確認していたからです。

神を愛し、人を愛する

主イエスは十戒の基本的な精神を、「愛」「愛する」という言葉で新たな戒めとして提示されました。モーセの十戒は否定的な言葉で表現されていますが、主イエスはこれを「愛する」という積極的で肯定的な言葉で言い直されたのです。この言い直しによって、十戒の精神は本来の意味を明確にすることができました。同時に、消極的な姿勢から積極的な姿勢に大きな転換を見ることになりました。「何々をしない」から「何々をする」への展

開です。この「何々をする」ことを「愛する」といってまとめるのです。「神を神として愛する」「人を人として愛する」のです。主イエスの教えによって、「愛する」ことがキリスト教会の存在を規定する重要な基本になりました。

愛する

　愛するといっても、それはどうすれば愛することになるのでしょうか。聖書時代にもこの疑問は多くの人びとから指導者たちに投げかけられたようです。指導者たちの一人、聖パウロは、愛している状態を「泣いている人と一緒に泣けますか。喜んでいる人と一緒に喜べますか」(ローマの信徒への手紙 第12章15節)と問いかけて、もしそうできれば「確かに愛しているのです」と教えています。聖パウロは、具体的な人間の経験を通して「愛する」ことがどのようなことなのかを教えようとしたのです。私たちはこの単純な教えに用いられている言葉から、愛することの中心的意味を汲み取ることができます。

　それは「一緒に」「共に」によって現されることなのです。「愛する」とは、人間にとって最も重要な関係語の一つですが、それはどのような条件で用いられる場合でも、常に「一緒に」「共に」という人間関係を基礎としているのです。教会用語では「一体となる」と言えるでしょう。愛する相手と一つになろうとする時に、初めて愛することが実現するのです。相手と自分が同じ人間であり、同じ思いを分かち合えるという時、それが愛することなのだというわけです。

　相手の抱えている問題を自分の問題とするという積極

的な姿勢も、同様に愛することです。「愛する」とは好き嫌いの感情を意味していません。私が相手にどれほど「共に」なりうるかの問題なのです。

十戒に反することが「罪」であるとすれば、「罪」とは「愛」に反することになるでしょう。「愛」が「共に」であれば、「罪」は「離れて」になります。関係を断ち切ることになります。主イエスが十戒の本来の意味を宣言された時に、「離れる」ことの悲惨さ、ことに神から「離れる」ことの悲惨さを教えられたのだと思います。そして「離れる」を、ことに神から離れることを「死」と表現されたのでしょう。

兄弟のために死ぬ

　主イエスの重要な言葉の中で、おそらく最も衝撃的な「愛」に関する教えは、「兄弟のために死ぬ、これ以上に大きな愛はない」（ヨハネによる福音書 第15章13節）ではないでしょうか。新約聖書で「愛」という言葉を、パソコンを使って検索すると、「愛」が「死」や「捨てる」などという表現と極めて近い状況で用いられていることに気がつきます。問題を単純に捉えようとすれば、愛するとは他者のために死ぬことなのだと言っているようです。もし、死ぬことを自己にとっての最も大きな損害と言うとすれば、愛とは他の人びとのために自分にとっての最大の損害を引き受けるということになります。そうなのです。聖書はそう言っているのです。

　主イエスは、十字架によってこの事実を現実のものとされました。そして、愛することが人間が生きる目的であることを教えられることによって、人間の生涯は他者

のために十字架を引き受け、そして人びとのために生き、死ぬことなのだと示しておられます。

旧約聖書でも損害を引き受けることが、神のみ心に従うことを教えています。たとえば、収穫に際して、貧しい人びと、寡婦(かふ)、みなしご、旅人などのために、すべてを取り尽くさないで、残すべきものを残しておけ、という命令、あるいはヨベルの年に神の意思として負債を一切免除すべきこと(用語解説 p.324)など、損害を引き受けることを神の意思として制度としていることに注目すべきでしょう。

もちろん、これらの命令がユダヤ人の内々のことだと言ってしまえば確かにそうですが、その精神は私たちにも脈々と受け継がれているのではないでしょうか。愛することが生きることとする私たちクリスチャンの「生き方の中に。この意識において、モーセの十戒の後半、すなわち「人と人との関係」を語る部分を見直していただきたいと思います。まさに人を愛することの基本的な原則が見えてくるのではないでしょうか。

「自分を愛するように」

ここで言われている「愛する」も、同様に理解しなければなりません。つまり、一体となることです。自分を愛するとは、ですから自分との一体性を意味します。現代的な表現を用いれば「自己の主体性の確立」とも言えるでしょう。自分自身の存在の確認が、私たち人間にとって大変重要な問題であることが示唆(しさ)されています。

難しい言葉ですが「アイデンティティ」という英語があります。直接日本語には訳すことはできませんが、仮

に「主体性」と言ったり、「自己確立」といったりしています。要するに、ギリシャの哲学者が言っているように「自分自身を知ること」でしょう。

自分自身を知ることによって、初めて他の人びとの状況を理解することができるようになり、そこから他の人びとと「共に」立つことができるというのです。「自分を愛するように」というのは、決して「自分を可愛がる」というのではないのです。

人の力だけで守る

そうです。このような戒(いまし)めは私たち人の力だけで守ることはできません。人にはそれだけの力がないというわけではありません。むしろ、人はいつでも自分の方向にだけ向く性質があるということを言っているのです。

その方向を十戒の方向に向けるためには、どうしても神の意思と神の意思に従う人間の服従が必要なのです。聖書や教会の教えによって、私たちは常にその方向転換(p.50〜)を心掛けていなければなりません。私の力にそのような力が加わって、私たちはやっと神の意思と神の示される方向に向くことができるのです。

み言葉に聞くというのは、これを意味しています。ことに、礼拝に積極的に参加する姿勢が大切でしょう。礼拝・ユーカリスト(聖餐式(せいさんしき))では最も純粋な形で、神とそして人びととの一体性が語られ実現します。

礼拝・ユーカリスト(聖餐式)において、私たちは真に一体であることを体験します。「共に」同じ時を分かち合い、「共に」同じ思いを分かち合い、「共に」共通の意思の確認をするのです。礼拝・ユーカリスト(聖餐式)

こそ、私たちが「共に」を実感できる機会です。私たちは礼拝・ユーカリスト（聖餐式）で、私たちと神との関係を改めて確認します。同時に、人びととの間の関係を確認するのです。

　教会のすべての事柄は礼拝・ユーカリスト（聖餐式）から始まったと申しましたが、十戒から始まり、主イエスの教えによってその本質が明らかにされた「愛」の関係もまた、礼拝・ユーカリスト（聖餐式）において初めて具体化されるのです。「戒めを守る」とはまさに、礼拝・ユーカリスト(聖餐式)に十分に参加することから始まるでしょう。

著者からの質問4

8〜11問「十戒」を振り返って

神の戒めは、あなたの自由を妨げますか?

＋ ＋ ＋ ＭＥＭＯ ＋ ＋ ＋

12 問 主イエス・キリストが教えられた主の祈りを唱えなさい

答　天におられるわたしたちの父よ、
　　み名が聖とされますように。
　　み国が来ますように。
　　みこころが天に行なわれるとおり地にも行なわれますように。
　　わたしたちの日ごとの糧(かて)を今日(きょう)もお与えください。
　　わたしたちの罪をおゆるしください。わたしたちも人をゆるします。
　　わたしたちを誘惑におちいらせず、
　　悪からお救いください。
　　（栄光の唱え）国と力と栄光は、永遠にあなたのものです　アーメン

主の祈りとは

　私たちが現在「主の祈り」と呼んでいる特別なお祈りは、主イエスご自身が使徒たちに向かって直接教えられたお祈りです。新約聖書のマタイによる福音書(ふくいんしょ)第6章9～13節では、有名な山上の説教の中でお祈りについて教えられ、現在私たちが用いているお祈りの言葉を示しておられます。また、ルカによる福音書 第11章2～4節では、弟子たちの求めに応じる形で「祈る時にはこのように祈りなさい」とおっしゃってこのお祈りを教えておられます。ルカ福音書の祈りの言葉はマタイ福音書の言葉と多少異なるところがありますが、いずれも主イエ

スご自身が教えられた祈りとして、私たちは「主の祈り」と呼んでいます。

　主イエスはしばしば弟子たちと祈りの時を共になさいましたが、具体的に祈りの言葉を弟子たちに教えられ記録されているのは、このお祈りだけです。そこで教会は歴史を通して、この祈りを祈りの中で最も基本的な模範(もはん)として長く用いてきています。初代教会の時代から、「すべての信徒によって唱えられるべき祈り」とされ、用いられる場所には多少の相違点はありますが、ユーカリスト（聖餐式(せいさんしき)）の中心的な所で必ず唱えられました。

　私たちの祈祷書では「パンを裂く行為」の直前に唱えられます。また日常の個人の祈りの機会にも、あるいは他のさまざまな礼拝や集会の際にも、この祈りは、主イエスが教えられた、最も完全で、私たちが祈るべき事柄をすべて含んだ祈りとして、必ず用いられています。このお祈りを唱えるだけで、私たちの日々の祈りは十分であるとさえ言われています。

　主の祈りの結びの「栄光の頌(しょう)（唱え）」は、もちろん後に付け加えられたものですが、これは主の祈りがクリスチャンたちの祈りであることを明らかに示すものです。初代教会で用いられた、使徒たちの教訓「ディダケー」に、すでにこの栄光の頌が唱えられていたことが示されています。

主の祈りの構造

　主の祈りは、祈りの基本形である神への呼びかけの言葉から始まります。祈りの本文は七項目に分かれていると言われます。

（呼びかけの言葉）
　　天におられるわたしたちの父よ、

1．み名が聖とされますように。
2．み国が来ますように。
3．みこころが天に行なわれるとおり地にも行なわれますように。

　ここまでが第一段です。ちょうど十戒と同じように、私たちはまず神への信仰、感謝・賛美(さんび)を明らかにします。

4．わたしたちの日ごとの糧(かて)を今日(きょう)もお与えください。
5．わたしたちの罪をおゆるしください。わたしたちも人をゆるします。
6．わたしたちを誘惑におちいらせず、
7．悪からお救いください。

　これらの項目で、私たちは私たち自身の問題を取り上げます。

（栄光の唱え）
　　国と力と栄光は、永遠にあなたのものです　アーメン

　主の祈りの構造はこのようになっています。ここでは一つひとつの項目を取り上げて内容を解説する代わりに、キリスト教における祈りの意味について触れたいと思います。祈りの意味を考えることによって、主の祈りが述べている内容が確認できると思うからです。

祈りとは

　古くから「祈り」「祈祷」などについては、多くの聖人や学者たちが教えてきました。私たちにとって祈りは日常の重要な信仰生活上の問題ですから、無関心でいる人はいないと思います。

　よく言われることは、「祈りは神との会話」です。あるいは多くの人びとにとって、祈りは「神への訴え」でしょう。また時には、「神への要求」であることさえあります。どれも全く間違っているとは言えません。むしろ、これらのどれも正しいと言うべきなのでしょうか。しかし、それ以上に大切なことがあるように思うのです。

祈りは信仰告白である

　私たちの祈りは、その形においても内容においても、まず信仰告白という形式を持っています。私たちが始めに「神への呼びかけ」を言う時、そこで私たちは神が「天に」おられるとか、「全能の神」であるとか、「父」であるとかを、すでに告白しているのです。

　祈りはそのような、神の「本質」に向けて語られる私たち自身の言葉なのです。ですから祈りの内容によって、時に私たちはこの呼びかけの言葉をさまざまな表現で行います。例えば「恵み豊かな神」、「歴史を支配される神」、あるいは「平和の神」などなどです。私たちはこのように、神への呼びかけにさまざまな表現を用いて、祈りの内容をあらかじめ明らかにすることによって、信仰を表現しているのです。ただ一言「神よ」というだけでもすでにそうなのです。こうして祈りは、全体として私たちの信仰告白となります。

祈りは神への応答である

祈りは神との会話であると言われます。それ以上に、祈りは神の呼びかけに対する私たち人間の応答です。さまざまな機会に語りかけられる神のみ言葉は、絶え間なく私たちに及んで来ています。私たちはそのすべてを捉(とら)えたり理解したりしているとは言えませんが、少なくとも、私たちが捉え得た神のみ言葉にお応(こた)えすることは、私たち人間としてしなければならないことです。

主の祈りの第一段は、まさにこの応答の最も簡潔で完全な形でしょう。

例えば、「み名が聖とされますように」と唱える時、私たちは神が神として明確にされ、人間と混同されてはならないことを述べているのです。ちょうど十戒で言われているように、「神を神とする」と言っているのです。誰かが神のみ名を聖とするようにというような他人事の言葉ではありません。私たちが、私が「神を神とする」という最も重要な宣言なのです。

このように主の祈りの第一段は、ことに私の信仰告白、あるいは信仰の宣言と言えるでしょう。第一段のどの項目も、「神様、どうかそのようになさってください」と言っているのではなく、私たちが「その実現のために働きます」という宣言なのです。この意味で祈りは、私たちの決意を表すものとも言えるのです。決意表明です。

第二段も同じです。ここでは私たち自身の日常の問題が取り上げられています。各項目を私たちの決意表明という観点で捉えなおしてください。そのようにしますと、一つひとつの項目が、新しい意味をもって迫(せま)ってくるはずです。神にしていただく、あるいは神に何かしていた

だくのを待つ、という受け身の姿勢から、私たちが神の前に立つ積極的な行為の主体であることが明らかになるでしょう。

赦しと愛

　罪の赦しは神の業であって、人間のできることではない、と考えている人が教会の中にたくさんおられます。実際、真に赦すことのできる方は神のみでしょう。そう考えると、主の祈りの中で唱える「赦していますから」という言葉は正しくないと言えるでしょう。しかし、ここで言っていることはそのような問題ではありません。

　赦すというのは私たちにとっては、「私たちに罪のある者を」神がなさるように赦すわけではありません。それは「その人をその人なりに、私たちの中に受け入れる」ことを言っています。

　神の赦しも同じ意味と考えてよいと思います。神は私たち罪を犯した者を受け入れてくださるのです。これは究極的な、十字架の意義であります。私たちには今直ちに十字架によって他の人びとを受け入れることはできないでしょう。しかし、主イエスに倣って、人を受け入れようとすることはできます。和解しようとすることはできます。それは決して、人から受けたネガティブな思いをすべて忘れることではありません。忘れないからこそ、受け入れることが大きな意味を持つのです。

　原文で言うならば、「私は人の借金を棒引きにします」と言っています。自分から借金をした人の借金を棒引きにしますから、私の借金も棒引きにしてくださいと言うのです。損害を損害として認めながら、損害を与えた人

を兄弟姉妹として受け入れようというのです。前述の「ヨベルの年」(p.94、用語解説 p.324) を思い出してください。

「受け入れる」ことを愛するといいます。「愛する」という言葉を主の祈りのこの部分に当てはめると、こうなります。「私は他の人びとを、私の受けた損害を、私自身に引き受けて、その人を愛します。神よ、そのように私があなたに加えた損害にもかかわらず、どうか私をあの十字架の死と栄光の復活によって、また約束してくださったように、愛してください。そうです。愛してくださっていることを堅(かた)く信じます」。

同時性の論理

「わたしたちの罪を……人をゆるします」の項について、一言付け加えたいと思います。それは聖書の持っている特徴的な論理がはっきり示されているからです。この論理形式を「同時性」と呼びたいのです。

主の祈りのこの部分は、1990年に発行された口語祈祷書初版にあった古い版では、「わたしたちに対して罪のある者を赦(ゆる)していますから、わたしたちの罪も赦してください」となっていました。私たちの常識で読みますと、こうなるのでしょう、「私たちに対して罪のある者を赦していますから、(だから) 私たちの罪も (人を赦したということの結果として) 赦してください」。

私たちの論理で、原因結果という考え方があります。仏教的に言うと因果応報(いんがおうほう)です。したことの結果としてあることが起こる、というわけです。聖書の中にもこのような因果関係を示すような表現がしばしば出てきます。「悪いことをすると悪いことが起こる」「良いことをすれ

ば良い結果となる」、ここから始まって「良いことをすれば天国に行かれる」「悪いことをすると地獄に堕ちる」ということです。

本当に聖書はこのような言い方をしているのでしょうか。主イエスの十字架によって、すべての人びとに永遠の救いが約束された、と主張する聖書が、私たちの行為の善し悪しによって、私たちの天国行きや地獄行きが決まると言うでしょうか。もしそうならば、主イエスの十字架は一体どうなるのでしょうか。

天国や地獄はともかくとして、私たちの救いに関わる事柄は、私たち自身の行為によって決められるのでしょうか。さらに、もしそのような主張ができるのであれば、私たちは誤りない、完全に正しい生活を送れるということになりますが、果たしてそうでしょうか。私たち自身の力で正しいことが行えると言えるでしょうか。

因果関係・原因結果の論理で問題を考えるとどうしても、このようなキリスト教にとって基本的な問題にぶつかってしまいます。そうではなくて、「裁きは神のみ手にあるのだ」、「真の赦しは神のみ業だ」というのが、私たちの学ぶ聖書の基本的な教えであるはずです。そうしますとこうなります。

もし「私たちは赦していますから、（だから）私たちを赦してください」と祈るとすれば、確かに赦すのは神だと言っているようですが、実は「私がこうしているのだから、神もこうしてほしい」と神に赦しを強要していることになってしまいます。結局、「私の赦しが、神の赦しの条件になる」つまり「私の赦しがあって初めて神の赦しが可能になる」ということになります。

12 問 主の祈り

そこで私たち聖公会は、ローマ・カトリック教会の皆さんと共に、「わたしたちの罪をおゆるしください。わたしたちも人をゆるします。」と唱えることによって、福音書（ふくいんしょ）の教える同時性を表現する努力を示したのです。
（日本聖公会とカトリック教会は2002年から共通の口語訳を用いています）

　実際、キリスト教はこのような因果応報、原因結果、因果関係で物事を説いているのでしょうか。そうとは思えません。重ねて申しますが、もしそうであるなら、神と人間の関係は、聖書が説いているようなものではなくなります。ここから聖書の「同時性の論理」が明らかになるのです。それは、神が主イエスの十字架の死と復活を通してすでに人間の赦（ゆる）し、救いを約束してくださっていることを示すことに他なりません。

　同時性とは、二つ以上の行為が時間的に前後関係があるように記録されていても、それは前後の問題ではなく、同時的に起こっているのだ、という捉（とら）え方です。

　神の赦しは主イエスの十字架の死と復活によってすでに実現しているのです。私たち人間にとっての重要な問題は、このすでに実現された赦しに対して、私たちがそれをどのように受け止めているかということです。すでに赦されている私たち自身を受け止めていますか、どうですか、という問題です。赦しはすでに完成しています。その赦しは、神から主イエスを通して無条件に与えられているのです。私たちは赦された者として生きているでしょうか。

　あるいは、「信じて従うものには永遠の生命が約束される」という場合も同じです。信じて主イエスに従ったから（その結果として）永遠の生命が与えられるのでは

ありません。永遠の生命は主イエスを通してすでに与えられているのです。永遠の生命を与えられた私たちがどのような生き方をしているでしょうか。これが前提です。同時性の論理を受け止める時に重要な前提がこれです。

カイ（kai）と同時性

　以上のような因果関係を思わせる表現で、ほとんど例外なく用いられている言葉があります。新約聖書はギリシャ語で書かれていますが、その言葉「カイ」（kai）は、ギリシャ語で「そして」を意味する接続語です。英語ではandに当たります。この言葉は前の言葉や文章と後に来る言葉や文章を並列的につなげます。何々と何々というふうに。

　この用法と共に、これは前の言葉や文章と後の言葉や文章が述べる事柄を「同時的に」強調しようとする場合にも用いられます。「と共に」とか「同時に」という用法です。英語ではalsoというような使い方です。つまり、カイが複数の言葉や文章の間に置かれた場合、前後の言葉や文章の相互関係は、「同時的」であり「ほとんど一つのこと」という意味になります。前に述べたように、赦しはすでに実現しているということと同時に、このカイを考慮に入れてみますと、こうなります。

　「わたしたちの罪をおゆるしください。わたしたちも人をゆるします。」という祈りの言葉によって、私たちの罪が赦されるということは、すでに実現していることを言おうとしています。しかし、その赦されているという事実は、他者もまた私たちと同様に、神によって赦されているという事実、そして私たちもまたその赦しの事

実を確認するということ、それによって私たち自身が赦されていることを受け止めることができる時に、初めて本当の意味で「赦し」が私たちの中に現実となると言っているのです。

同時的という点を強調すればもっと分かりやすくなるでしょう。私たちが赦した時に、その瞬間、同時的に私たちも赦されていることが実現していることが分かる、と言いましょうか。もっと単純に、「赦すことは赦されること」と申しましょうか。その二つの事柄は同じ瞬間に起こるのだということです。こうすればこうなるというような因果関係的に起こるのではありません。

「信じて従う」と「永遠の生命を得る」も同じです。信じて従ったから、永遠の生命を得るのではなく、「信じて従うことは、すなわち永遠の生命を得ること」なのです。すべては神の恵みと力による問題なのです。私たちの力によって私たち自身を救うことはできないのです。神の助けがなければ私たちは何もすることができない、というのは、私たちがさまざまな祈りの中で告白することではありませんか。

神の恵みは、私たちの善行に対する「ご褒美」ではありません。天地が造られた時から、その恵みの中に私たちは生かされてきたのです。その事実を私たちが捉えきれるかどうかが問題なのです。

聖パウロは時々まぎらわしい教えをします。「示された道を走り、生命の冠を得るようにしなさい」（コリントの信徒への手紙 第一 第9章24〜25節）ということを言っていますが、これも実は善行を行うとご褒美があると言っているわけではありません。むしろ、赦された者、恵みをいた

だいている者にふさわしい生き方を送りなさいという教えです。私たちはこの聖書の本質的とも言うべき論理を確実に捉(とら)えておきたいと思います。

み国

「み国」あるいは「天国」といいますと、これは私たちクリスチャンにとっては最大の関心事の一つではないかと思います。実際、多くの人びとが「死んだら天国に行く」と言って、そこからさまざまな信仰の業(わざ)やキリスト教倫理のようなものも生まれているようです。

まず、確認しておきたいことがあります。「天国」とは一体何でしょう。それは「場所」ではありません。一つの重要な状態と言ってよいでしょう。つまり、神の意思が実現している状態のことです。

福音書(ふくいんしょ)の記述によれば、ユダヤの群衆に取り囲まれて、主イエスは「天国はあなたがたの中にある」(ルカによる福音書 第17章21節)と言われたとされています。あなたがたの中とはどういうことでしょうか。多くの場合、これは「あなたがたの心の中にある」、すなわち「天国はあなたがたの心の問題だ」と教えられてきました。しかし、近年になってから、このみ言葉の意味は心を問題にするのではなく、主イエスと群衆の実際の位置関係を示しているという考え方や理解が一般的になりました。「中に」という意味のギリシャ語の前置詞は、具体的な位置関係を示し、場所を意味するのだということです。

そうしますと、主イエスは「あなたがたの真ん中に立っている者が天国なのだ」と言っておられることになります。つまり主イエスご自身です。主イエスご自身が天国

12 問 主の祈り

であり、天国をこの地上で体現しておられるのです。洗礼者のヨハネが「天国は近づいた」と宣言したのは、実は主イエス・キリストがメシアであって、この方がおいでになるということを宣言しようとしているのではないでしょうか。洗礼者のヨハネの宣言は、なにか遠い未来の話をしているのではなく、具体的な主イエス・キリストという人格について語っていることになります。主イエスにおいて天国は実現しているのです。

　もし私たち人間が、真に主イエスと共に、主イエスに従って、主イエスのご生涯を共にするなら、そこに天国が実現するのです。死んでから行く所ではありません。今、この地上に打ち建てるべきことなのです。

　ですから、私たちは主の祈りの中で、「み国が来ますように」と言うのです。「み国に連れていってください」と言うのではありません。神の意思に従って語り行動するところが天国です。なにか良いことをしたからご褒美として連れて行かれる所でもありません。私たちは「み国が来ますように」と祈り、私たち自身が天国を体現しようとしていることを告白し、私たちの決心を表しているのです。

　天国は今ここで始まっているのです。もし、死んでから行く所と認めたとしても、それは今すでに始まっているから、この世を去った後もその道は続いているからと言えるのです。私たちクリスチャンの重大な使命とは、私たちの生涯を通して、主イエスと共に天国をこの場に実現することに他なりません。

著者からの質問5

12問「主の祈り」を振り返って

主の祈りは、全ての祈りが含まれていますがあなたの祈りは主の祈りによって、充分に表されていますか？

　　＋＋＋ＭＥＭＯ＋＋＋

13 問　公祷(こうとう)とは何ですか

答　キリストのみ名により、神の民(たみ)として共同で行う礼拝で、定められた祈祷書によって行います

　日本聖公会祈祷書の目次の前、題字の裏ページに、「本書は聖なる公会の公祷(こうとう)、聖奠(せいてん)及び諸式を載せたもので日本聖公会の所用に属する」という文章があるのに気づきます。

　この文章は宗教改革の際に、英国聖公会がカンタベリー大主教クランマーの手になる第一祈祷書を編纂(へんさん)発布した時に、その祈祷書の正式な名称の一部となっているものです。日本聖公会では、この長い名称を分けて、まず「日本聖公会祈祷書」とし、文章に当たる部分を別にしてこの位置に置きました。

　文語の祈祷書でも同様に「本書は聖公会の公祷・聖奠(せいてん)および諸式を載せたもので日本聖公会の所用に属する」としています。この中に公祷、聖奠(せいてん)、諸式という言葉があるわけで、このような問答がここに載せられているのだと思います。

　そこで、私たちは普通、教会にはこのような三種類の異なった礼拝があると考えてしまいます。しかし、この問答の答えにもあるように、公祷とはどれとどれで、聖奠(せいてん)はこれで、諸式がこれこれ、といった明確な答えは難しいのです。確かに「聖奠(せいてん)」ははっきりしています。しかし、「諸式」と「公祷」はほとんど明確に区分けすることはできません。

礼拝はすべてキリストのみ名によるので、これをもって公祷の特徴と言うわけにはいきません。また、すべての礼拝は、キリスト教会における共同体の行為であって、そこには常に聖職・信徒による共同の業(わざ)と考えられています。

　礼拝には、厳密に言って個人的なものはありません。その意味で考えれば、すべての礼拝は「共同で行う礼拝」と言うことができます。つまり、キリスト教信仰共同体の共同の業です。同時に、定められた祈祷書によって行うということは、他の礼拝も皆、祈祷書によって行うことが原則ですから、これも公祷の特徴と言うわけにはいきません。

　公祷がどの礼拝であるか、それは、その礼拝がどのように行われるかによって決まるものと言えるでしょう。本来はキリスト教会の礼拝はすべての人びとに開かれているというのが原則と考えられています。「公」という言葉から、この開かれているという意味が浮かんできます。すべての人びとが参加できるということです。こうして見ますと、日本聖公会祈祷書にあるすべての礼拝は公祷と呼んでも差し支(つか)えないでしょう。

　実際、英国聖公会でも米国聖公会でも正式な祈祷書の名称は、The Book of Common Prayer といいます。これは英国聖公会が宗教改革を行う中で、教会の行う礼拝はすべて「共同（Common：すなわち公(おおやけ)）」の行為であることを強調したものです。この背後には、大陸の改革者たちが唱えた「万人祭司」という考え方があったと思われます。ですから、すべての礼拝には公的な性格があると言うべきでしょう。

結婚式、葬送式、病者訪問式などは個人的な意味が深いという考え方があるのは確かです。これらが「公」に対して「私」という意味でプライベートな礼拝と考えられていたことも事実です。しかし、現在の礼拝についての基本的な姿勢は、すべてが教会という神の民(たみ)の共同の行為であるという点にありますから、公的・私的礼拝の区別はあまり考えないほうがよいと思います。

　事実、歴史的に見ますと、私的と思われていた礼拝も、皆、単なる個人的な集会・礼拝ではなく、多くの人びとが参加することが普通であったのです。確かに現在ではプライバシーなどの理由で、個人的な色彩の濃い礼拝には、招待をされて出席するのが常識のようになっていますが、本来の意味から言えば、それらのどれも、教会共同体の礼拝として、より多くの人びとの参加が望まれる性質のものではないでしょうか。

　かつて、朝夕の礼拝だけを公祷と限定する学者がいたようですが、これでは意味が狭すぎるように思います。問答の答えに該当する方法で行われる礼拝は、すべて公祷と考えるほうが、実際的だと思います。

14 問　救いに必要な聖奠とは何ですか

答　目に見えない霊の恵みの、目に見えるしるしまた保証であり、その恵みを受ける方法として定められています

15 問　キリストがすべての人の救いのために福音のうちに自ら定められた聖奠は何ですか

答　洗礼と聖餐です

救いに必要な

　救いについては、方向の転換（p.50～）という意味を申し上げてすでに述べたと思います。ここではそのために「必要な」という表現を考えてみたいと思います。

　簡単に申しますと、必要というのは「それがないと困る」「それがないと確かでない」ということです。聖奠は、私たちが救いを確信するために是非なければならないと考えられる事柄を意味しています。私たちは、聖奠によって、私たちにすでに与えられている救いを具体的に経験し確信するのです。「目に見えない霊の恵み」とはまさに、その救いの事実です。私たちはその目に見えない恵みを、「目に見えるしるし」によって確信するのです。

　私たちは肉体を持った存在ですから、残念ながら目に見えない事柄についての確信は必ずしも十分とはなりま

せん。霊的に優れた人びとはともかく、私たち一般の人間は、やはり目に見える物に頼らざるを得ないのです。主イエスは「見ないのに信じる人は、幸いである」（ヨハネによる福音書 第20章29節）と言われましたが、実は、主イエスの受肉、神という見えない存在が、イエス・キリストという見える人間となられたという福音の事実は、聖書が基本的に、見える事柄によって見えない事柄を明らかに示すというメッセージを基礎としていることを示しています。

　また、ユダヤ的な理解によれば、すべてが具体的に見えることによって初めて存在が示されるという考え方があると言われています。この姿勢はいくつかのユダヤ教的特徴に現されていると考えられます。極端に流れては誤りになりますが、「具体的で目に見える行為のない信仰はあり得ない、信仰は必ず行為を生み出す」という原則になります。また、ユダヤ教では肉体と魂の二元論は存在しないと言われています。

　このユダヤ的信仰の形が、ギリシャ・ローマ世界に入っていったとき、そこでのギリシャ哲学の「存在への理解」の仕方である霊と肉という二元論的解釈を、宣教的な意味で取り入れた結果、肉体を取って復活するという信仰的表現に結びついていくのですが、そのどの場合でも、目に見えることの重要性が聖書には示されていると言えるでしょう。

　ヨハネによる福音書も、しばしば「しるし」を登場させて、重要な霊的な事柄を示すために目に見えるものの重要性を表現しています。私たちには目に見えるものが「真理」を受け取るためにも必要なのです。それがない

と受け取りきれないのです。この問題は、人間の限界を限界として受け止めるという、私たちにとって重要で謙虚な姿勢に関わることと思います。

聖奠(せいてん)

日本聖公会祈祷書はこの「聖奠(せいてん)」という言葉に対して、「サクラメント」というルビを付けています。聖奠という言葉が中国語そのままで大変難しいので、あえて英語の原語を付けて、どの意味を言うのかを明らかにしようとしているのです。

サクラメントはラテン語からきた言葉で、ラテン語では「サクラメントゥム Sacramentum」と言います。これは元々キリスト教独自の言葉ではありません。初代教会の指導者たちは、ギリシャ都市国家の「エクレシア」(問1、p.19〜)を教会の意味に採用しました。全く同じように、指導者たちはキリスト教の最も重要な恵みと救いに関わる問題に、ローマ帝国で用いられていた法廷用語を採用してこれに当てたのです。

ローマ帝国は取り分け法的秩序を重視する社会でした。政治・経済・軍事のすべてにわたって法的根拠が最優先したと言われています。ですから、物事を決定するのには支配者の身勝手な意思ではなく、法律が最終的な決定の根拠となりました。

エルサレムに駐在していたローマ総督ポンテオ・ピラトが、主イエスの処刑を決定する時に見せたとまどい(マタイによる福音書 第27章1〜26節、マルコによる福音書 第15章1〜15節、ルカによる福音書 第23章1〜25節、ヨハネによる福音書 第18章28〜19章16節)は、ピラトがあの処刑に法的根拠が極めて薄いこと

を知っていたからです。彼は実際、主イエスを法的には処刑できるとは思っていませんでした。そこで優柔不断にも、ユダヤ人たちの圧力に屈する形で刑の執行を決断せざるを得なかったのです。

福音書にあるとおり、ピラトは大衆の前で手を洗って見せるという行為によって、責任を回避しようとしました（マタイによる福音書 第27章24節）。これは、あらたな行為を開始することを意味する象徴的なジェスチャです。結果として、前の行為が終わったこととなるのです。

聖奠（サクラメント）は法廷用語

さて、サクラメントゥムとはローマ帝国の法廷で通常用いられた専門用語でした。

ある人が訴えを起こしたとします。今で言う原告です。原告は訴状を提出する際に、自分の訴状の正当性と真実性を示す物（目に見えるしるし）として「サクラメントゥム」と呼ばれる保証を提出しなければなりませんでした。それは、金銭、小麦などの作物、絹布であったり、革製品であったりしました。何か一定の値打ちがあり、正当性を保証するに足る物でした。これが裁判官の前に置かれます。

一方、訴えられた側、被告の立場の人も原告の訴えを受けて立ち、自分の正当性、無罪を主張しようとする場合には、原告の提出した保証、サクラメントゥムと同じ価値と裁判所が認定する物を提出しました。それが被告の正当性と自分の主張の真実性を保証し証拠立てる「しるし」でした。

このように原告と被告が、それぞれ自分の正当性を証

拠立てるサクラメントゥムを前に置いて、裁判を戦うのです。

サクラメントの受理

さまざまな証拠や証人が立てられ、裁判が決着します。判決が出ます。そこで原告が始めの訴状の通り裁判に勝ったとします。すると原告は、裁判の費用を提出したのち、自分の提出したサクラメントゥムと被告の提出したサクラメントゥムの両方を、「正しかったしるし」として手にすることができます。

現在では法廷費用は敗訴した側が裁判所に支払うことになっていますが、ローマ帝国では勝訴した側がサクラメントゥム全部を手にすることができるので、支払いの義務は勝訴側にあると決められていたようです。

被告が勝った場合も同様です。被告は裁判の費用を支払い、自分と原告が提出したサクラメントゥムを手に入れます。

サクラメントゥムは正当性と真実性を保証するのです。手に入れたということは、手に入れた人が正しかったことを意味しています。正義・真実という目に見えない事柄が、サクラメントゥムという目に見える物によって示されるのです。

軍隊用語としてのサクラメント

また、サクラメントゥムは軍隊用語としても用いられていました。軍隊の場合には兵士として傭われる時、忠誠を誓い、自分の生命を差し出すことを約束します。ここでは自分の生命がサクラメントゥムとなるわけです。

戦死した場合には、そのサクラメントゥムとしての生命によって、自分の忠誠心が証明されることになります。目に見えない忠誠心が目に見える戦死という事実によって証拠だてられるのです。

この兵士を傭った側にもサクラメントゥムの義務がありました。それは、戦争に勝てば必ず略奪した戦利品から分け前を与えなければならなかったのです。傭い主のサクラメントゥムは兵士への戦利品の分け前でした。

当時、ローマ社会の状況を良く知っていた教会の指導者たちは、自分たちが行う最も重要な神の恵みをいただく目に見えるしるしを表すキリスト教用語として、このサクラメントゥムを採用したのです。人びともその元の意味を良く知っていましたから、教会でのサクラメントゥムの意味も良く理解したに違いありません。ですから、当時の人びとはサクラメントゥムと呼ばれる事柄がどれほど信仰的に大切な問題かが良く分かっていたのです。それ以来、教会はサクラメントゥムという法律用語が消滅したのちも教会用語として現在まで用いているわけです。

「聖奠」は、そのサクラメントそのものと同時に、サクラメントをいただく礼拝式の意味にも用いています。そこで「聖奠及び諸式」という言い方があるのです。

「式」

日本聖公会祈祷書で「式」という言葉がしばしば出てきます。この「式」は形式の式と考えられているようです。実際はもう少し深い意味で、「定められた祈りの言葉」、「祈りの言葉の順序」などを示す大切な表現です。単な

る形式ではありません。どの礼拝でも一定の順序と構造によって組み立てられていることが「式」という言葉で表現されています。英語では、order, form などの用語がこれに当たります。日本語ではさらに定式という表現もします。祈祷文そのものを意味する場合もあります。

洗礼と聖餐

問答では、洗礼と聖餐が主イエス・キリストによって定められた中心的な聖奠であると言っています。洗礼は積極的に神に向かおうとする人びと（信じた人びと）が、その生きる方向を確定することを公的に宣言する機会です。それによって、洗礼を受けた人びとは神の民の一員として迎え入れられ、受け入れた生き方の方向に向かって進む決意を表します。

この洗礼が聖奠とされているのは、マタイによる福音書の第28章16節以下その他で、主イエス・キリストの直接のご命令として記録されているからです。

聖餐は同じく主イエス・キリストが「最後の晩餐」の物語の中で、クリスチャンたちが行う共同の食事において必ず行うように命じられています。

英国聖公会がローマ・カトリック教会から独立して宗教改革を行っていくなかで、聖書に基づくという原則を具体的にこのような形で具体化したのです。

実は、サクラメントと呼ばれていたものが他にも五種類ほどありました。現在でも合わせて七つのサクラメントという言い方があります。洗礼、聖餐、堅信、聖職按手、聖婚、個人懺悔、病人の按手および塗油の七つです（問26、p.165〜）。これらはすべて聖奠が原則として持つ内

容を含んでいるのですが、洗礼と聖餐以外は主イエス・キリストが直接言及しておられないという点から、聖公会の伝統では基本的な教義としては含まないことになっています。しかし、目に見えない恵みの目に見えるしるしという点では、歴史のなかで一般的にサクラメントと考えられてきました。

これらと共に、サクラメンタル（聖奠的）という区分けをして、さらに多くのものをサクラメントに準じるしるしと考える人びとや教会もあります。

私たち日本聖公会は、英国聖公会の伝統に従って、洗礼と聖餐の二つを、すべての人びとの救いに絶対に必要なサクラメントと受け入れています。聖職按手をサクラメントと考えたとしても、これは聖職を志願する人びとだけに与えられるものですから、「すべての人びとに必要な」というわけではありません。これを受けないと救われないということではないのです。結婚もそうかもしれません。結婚しないと救われないのではありませんから。

この問答が明確にしているのは「救いに必要な」聖奠であって、あえて聖奠にはどのような種類があるかを言っているわけではないのです。洗礼と聖餐は主イエス・キリストが自らお定めになり、すべての人びとにとって「絶対に必要」なものなのだということを主張しています。これが私たち日本聖公会における信仰生活の基本になるわけです。

著者からの質問6

14〜15問「聖奠(せいてん)」を振り返って

あなたにとって救いとは、何ですか?

＋ ＋ ＋ M E M O ＋ ＋ ＋

16 問　洗礼とは何ですか

答　聖霊の働きによって、わたしたちがキリストの死と復活にあずかり、新しく生まれるための聖奠(せいてん)です

死と復活にあずかる

　日本聖公会祈祷書では、この「あずかる(与る)」という言葉がしばしば用いられているのに気付きます。実際、ここで本当に言いたいことは、キリストの死と復活に「参加する、参与する、その事実と一つになる、その中身を自分のものとする、その意味を獲得する」といったことなのです。ところが日本語にはこれらの複雑な内容を一言で表現する便利な言葉がないために、仕方なく「あずかる」と言っているようです。

　キリストの死と復活に与(あずか)るというのは、キリストの死と復活が意味するものが私たちの中に深く入り込み、私たちのものとなり、その結果私たちが主イエス・キリストと一致して、そのご生涯を共にすることを意味しているのです。なかなか理解や納得が難しいことですが、ここでは主イエス・キリストとの一致と言っておきましょう。

　洗礼はこの答が述べているように、主イエス・キリストとの一致の実現をもたらすものなのです。主イエス・キリストのご生涯を私たち自身の生涯の道筋とすることです。主イエス・キリストのなさったこと、語られたことが私たちの行為と言葉になるようにしようと決心することです。

　米国聖公会が用いている聖歌集の中にある聖歌に、こ

ういう言葉が歌われています。「私の頭に、私の唇(くちびる)に、私の口に、私の手に、私の足に、私の体に、私の心に、主イエス・キリストが宿ってくださるように。」ここで歌われる内容が、答にある「死と復活にあずかる」ことの意味を明瞭に示しています。洗礼という聖奠(せいてん)(サクラメント)はこれを私たちの内に実現すると、教会は固く信じます。

新しく生まれる

主イエス・キリストと一体になることは、私たちの方向が徹底的に改められて、主イエス・キリストの進まれた方向にはっきりと向くことを示します。今までと違った方向に私たち自身を向けるのです。方向が新しくなるのです。

聖書の言葉で「新しい」と言ったら、私たちは直ちに「前と違う、前と異なる」という意味を思い浮かべると思います。私たちが普通に使う「新しい」もそうでしょうが、聖書では特に「違う、異なる」を強調して「新しい」と言うのです。自動車の広告でも「新しい」というと何か素晴らしいという印象を与えますが、聖書ではもっと率直に「違う」と言うのです。

何がどう違うのか、と言えば、私たちはすぐにあの、方向が大きく変化するという問題(p.50~)を考えるとよいでしょう。神以外のものから正しく神に向き直るのです。これが「違う」ということです。さらに、こうも言えるでしょうか。私たちは洗礼によって、本当の意味で神が望まれ、意思とされた創造の目的が、初めて私たちの中に実現するのです、と。

17 問　洗礼の目に見える外のしるしは何ですか

答　水です。わたしたちは父と子と聖霊のみ名によって、水で洗礼を授けられます

洗礼の水

　サクラメントに用いられる目に見えるものは、そのサクラメントの意味と無関係ではありません。誰にも分かる直接的な意味があるものと、象徴的に文化的な約束の上にたって意味付けられるものと二種類ありますが、そのいずれも意味の上でサクラメントの内容と関係があります。

　洗礼においては「水」です。それは洗礼を意味するギリシャ語の原語は「洗う」ということですが、「罪を洗い清める」という点で直接的な関係があることが分かります。主イエスご自身も、ヨルダン川で洗礼者聖ヨハネから洗礼をお受けになりましたが、川に浸かるという点で「洗う」ことが示されています。水はものを清めます。洗礼が罪の汚れを洗い清めるという伝統的な意味を持っていることから、水が用いられるのはふさわしいと言えるでしょう。

　実は、水にはさらに重要な意味が潜んでいます。聖書の中では水が重要な場面で登場します。そして水は重要なメッセージを表現しています。エデンの園には生命の水の流れがありました（創世記 第2章）。イスラエルの民が紅海を渡るとき、彼らをエジプトの軍隊から守ったのは、

紅海の水でした（出エジプト記 第14章）。モーセに率いられたイスラエル民族が荒れ野で飢え渇（かわ）いた時、モーセは岩を打って水を人びとに与えました（出エジプト記 第17章）。カナの婚礼では主イエス自ら水をぶどう酒として人びとの喜びのために与えられました（ヨハネによる福音書 第2章1～11節）。聖書の伝統において「水」は生命、新たな生命を表す重要なしるしです。

水は生命を表すと共に、その正反対の「死」をも表します。イスラエルの民を追跡したエジプト軍は紅海で全滅しました。また水の欠乏が常に死を意味することは常識でした。この事実は現在の私たちにとっても同様でしょう。水は食料がなくなることよりもっと人間の生命にとっては深刻です。このようにして、水は生と死を同時に表すものと考えられています。聖書は水について語る時、水の表すものをさまざまな形で表しています。

水が死を意味することは、私たちが主イエス・キリストの死を私たちの死とすることを明らかにします。水が生命を意味することは、私たちが主イエス・キリストの生命を私たちの生命とすることを明らかにします。洗礼は主イエス・キリストの死と復活を共にすることが明らかになるのです。

罪についてはすでに述べましたが、ここでもう一度確認しておきましょう。罪に当たるギリシャ語の原語は「ハマルテーマ、ハマルティア」（p.48～）でしたね。このハマルテーマとはオリンピック競技などで用いられた言葉で、勝負の結果を判定する競技用語でした。古代のオリンピック競技では現在のライフルやピストル競技のように、弓矢の競技がありました。的（まと）に向かって矢を射てそ

17 問 洗礼の目に見える外のしるし

の結果を競うのです。しっかりと正しい的に向かって射られた矢は的に命中するでしょう。しかし、正しく的に向かわなければ、矢は的に当たりません。矢が当たらない時、つまり競技に破れる、失格する、このことをハマルテーマと宣言したのです。

初代教会の指導者たちは罪という言葉をどのように表現しようかと考えたに違いありません。彼らが持っていた「罪の概念」を表すのに最も適当なギリシャ語として、このハマルテーマを選んだのは、エクレシアやサクラメントと同様に偶然でも思いつきでもなかったでしょう。何を言いたいかを慎重に考えた上で、この言葉を選んだのです。

教会の指導者たちはこれによって、今私たちが日本語で罪と呼んでいる事柄を「的に当たらない、的が見えない、見当が違っている、方向が違っている」と理解していたことがはっきりと分かります。私たちは初代教会の指導者たちの理解に従って、聖書の言葉を改めて検討する必要があるでしょう。その検討の中で、罪という重要な言葉の理解は是非必要な問題だと思います。

罪を洗い清める

罪の意味を理解した上で、「洗い清める」をもう一度見てみましょう。ここでは明らかに、何か汚れたから洗うのだということではないと言ってよいと思います。むしろ何かの理由で乱された私たちの方向が明らかにされ、正しい方向に向いて「的」を明確に認められるようになると言っているのです。

清めるというのは、邪魔なものを取り去ることと言っ

てよいでしょう。同時に、すべての事柄が明らかになると言うことでもあります。私たちの視界を邪魔するようなものを取り去るということなのです。あるいは、本来あってはならないものや、後からついたゴミのようなものもこの邪魔なものの中に入るでしょう。

このような邪魔なものを取り去ることは、そのもの本来の姿を明らかにすることになります。あるいは、良く見えなかったものが見えるようになるのです。正しい方向にきちんと向けるように、そして信仰の道を誤りなく進んでいけるように、妨げとなるようなものが取り除かれるのです。それが洗い清めるということです。

眼鏡を掛けている人にはよく分かることですが、眼鏡のレンズが汚れて、余計なものが付いていると、時に物がはっきり見えなくなることがあります。洗い清めるというのは、レンズについた余計な汚れやゴミを取り除くこととよく似ています。本来あってはならないものを取り除くことというわけです。

父と子と聖霊のみ名によって

洗礼が行われるのは、人間の全人格が関わる問題です。洗礼を受ける人は、自分の全人生と全人格と全生涯をかけているはずです。なぜなら、洗礼の聖奠によってその人の全生活の方向が大転換するはずであるからで、本人にとっては大きな出来事だからです。

神はその人間に対して、その存在のすべてをかけてくださいます。父と子と聖霊（p.61〜「三位一体」）という神のあり方と、人間に対する神の働きの全体、すべてがここに提示されます。私たち人間の前に立ってくださいます。

主イエスは、「わたしは道であり、真理であり、生命である」(ヨハネによる福音書 第14章6節)と言われました。父と聖霊と共に、私たちに生きるべき方向と進むべき方向をはっきりと示してくださる主イエスが立ってくださるのです。

　洗礼という式によって、私たちは主イエスが私たちのもとにいてくださることによって、進むべき道に、神の方向に向かって立つことができるのです。

18 問 洗礼によって与えられる霊の恵みは何ですか

答 罪を赦され清められて、神の家族のうちに生まれ、神の義に生き、キリストに満ちみちている永遠の命にあずかることです。

神の家族

私たちは洗礼によって新しく生まれます。孤独の内に生まれるのではありません。ちょうど一人の赤ん坊が両親と家族の内に生まれるように、私たちは神の家族の内に生まれるのです。それは、神の家族が私たちを受け入れてくれるということです。

洗礼は、私という一人の人間に個別に起こることではないのです。それは神の家族全体が喜んで迎える出来事です。時に、私が洗礼を受け、私は神と直接結びついた、という人がいますが、それは誤りです。誰が洗礼を受けるにしろ、神の家族、教会という信仰共同体が洗礼を共に受けるのと変わりはないのです。

初代教会では、毎年一回復活日の明け方に洗礼が行われました。志願者たちはその準備のために数週間の準備の生活を共にしました。教会の信徒たちは、洗礼を受ける人びとがいることを知ると、その人びとと共に準備の時を共に過ごそうと準備の生活を共にしたのです。この準備の期間が、現在では「大斎節」という教会暦の重要な部分となっています。

この期間を経て、志願者たちと信徒たちは共に主イエ

スの復活の時を、新しい生命に生まれる自分たちの洗礼に合わせて迎えたのです。そのような機会に洗礼が行われ、新しい生命ということが強調される時、人びとは真に教会の述べる洗礼の意味が一層深く心に染み入ったに違いありません。

ことに、主イエスの復活は過越(すぎこし)の祭と結び付けられています。過越の祭はイスラエルの人びとにとって、モーセによるエジプトでの奴隷(どれい)状態からの解放の記念です。過越の祭はイスラエルの人びとにとって、自由と解放の実現を約束する重大な時でした(出エジプト記 第12章)。

主イエスの復活がこの過越の祭と結び付けられているのは決して偶然ではありません。神の家族が神の家族として自由を獲得するのです。自由と解放、そして新しい生命という洗礼の喜びは、その信仰的内容において容易に一致しうる出来事であったでしょう。

洗礼とは何かを神学的に理解しようとするよりも、むしろ、過越の祭、最後の晩餐、そして復活に至る一連の礼拝の中で起こる重要な出来事として理解すべきではないかと思っています。神の家族全員が感謝と賛美(さんび)を共に捧げる時になるでしょう。

水が用いられて「聖奠(せいてん)の目に見えるしるし」の働きをしていますが、同時に、神の家族・教会共同体に受け入れられることそのもの、そして目に見える人びとの共同体の中で生きていくことも、聖奠(せいてん)の目に見えるしるしとなることではないでしょうか。

もう一つ、大切な要素を記憶しておきましょう。神の家族に受け入れられるという意味は、神の家族に与えられた使命を共に担(にな)うことではないでしょうか。家族のメ

ンバーと共に、課題への責任を分かち合い、協働の業(わざ)の中で生きていこうとするのも、「目に見えるしるし」ではないでしょうか。ですから、日本聖公会祈祷書にあるとおり、洗礼の司式者は、全会衆に向って、洗礼を受ける人を全員の交わりの中に受け入れるかどうかを問いかけるのです。

キリストに満ちみちている永遠の命

「永遠」という言葉について考えましょう。「命」については、コラム１「生命の問題」(p.225〜)を参照してください。

「永遠」と聞きますと、なにかとても長い時間の流れを言っているように思われます。聖書が永遠という言葉を使う時には、必ずしも長い時間という意味を言っているわけではありません。むしろ原語的に言えば、「あらゆる時代において」というべきでしょう。つまり、あらゆる時代に変わりなく事実であり、真理であるものを、私たちは永遠であるものと呼んでいるのです。あらゆる時代ですから、現在の言葉で言えば、「常に現在」と言ってよいでしょう。

例えば、主イエスの十字架は永遠である、というのは、あの十字架の死は歴史のあの時に一度だけ起こった事件ではなく、常に起こっている、あの事実は常に現在起こっている、ということになります。すなわち、その出来事は私たちのあらゆる時間において常にただ一度起こっている出来事であると言えるのです。

有名な黒人霊歌の中にある素朴な表現ですが、この重要な主イエスに関わる出来事の理解が述べられている

ものがあります。「あなたは彼らが主イエスを十字架に付けた時あそこにいましたか」"Were you there when they crucified my Lord?" という歌詞で始まる賛美歌です。あなたはそこにいましたか、と問いかけるのは、主イエスの十字架が現在のものでもあると言っているということです。二千年前に起こり、今なお私たちが主イエスを十字架に付け続けているという意味です。

　永遠とは、私たちの中でこのように理解されるべき事柄と言えるでしょう。

19 問　洗礼を受ける人に必要なことは何ですか

答　罪を悔い改めて悪の力を退け、イエスを救い主と信じ、自分自身をキリストに献げることです

　繰り返して述べてきたように、この問答は、私たちが絶え間なく生き方の方向を明確に主イエスに向けて、主イエスに従い、主イエスのみ業(わざ)を私たち自身のものとすることが、洗礼の最も重要な前提であるということを強調しています。ここでは重複を避けて、この基本的な姿勢が洗礼の前提になるという点を述べておきましょう。

　1959年制定の日本聖公会祈祷書の「公会問答」では、ここにある同じ問いに対して、まず「悔(く)い改めと信仰です」と答えています。その意味は、私たちは洗礼の恵みとして「悔い改めと信仰」が確立することを良く知っていますが、実はこれは洗礼を受ける前提でもあると言っているのです。この問題はキリスト教を理解する上でも重要だと思います。それは資格ではありません。準備ができているか、ということであり、同時に神の方向にきちんと向いているかどうかの問題です。

　洗礼があって信仰が生まれるのではありません。信仰があって洗礼という具体的な事実が起こるということです。それによって私たちは、まず私たち自身の主イエスに従う意思の確認をしていると言えるでしょう。そこに立つことができるのは、もちろん神の恵みによるのは当然です。私たちは神に導かれて悔い改めと信仰を得、そ

して洗礼を受け得るのです。

　神はその大きな恵みによって、まず私たち自身の自由意思を固められます。洗礼という重大な出来事も、私たち自身の意思が関わることによって実現する、つまりすべては私たち人間の意思と神の恵みと意思があって初めて一つの出来事が起こってくるというのです。すべての出来事は、神の呼びかけに対する人間の応答、あるいは反抗であるという聖書の原理の現れです。

　人間には自由な意思の行使が許されています。その意味は簡単に言えば、人間は神のロボットではないということです。神の意思は絶対・唯一ですが、応答する人間の意思があって初めて地上での事実となります。それは神の意思は人間によって制限されるというのではありません。人間が人間として生きていこうとすれば、その生きる方向は神の意思の指し示す方向以外にはないということを言っているのです。

　ここではっきりすることは、「信仰・悔い改め」とは私たち人間が一方的に神に従うというのではなく、神の示される方向への呼びかけに対する私たち人間の応答であると理解できることでしょう。洗礼を受けようとする私たちの決心は、その応答の第一歩です。そして洗礼によって与えられる恵みが、その応答を確実に現実のものとしてくれるのです。

20 問 これらのことのできない幼子に、洗礼を授けるのはなぜですか

答 洗礼によって与えられる霊の恵みは幼子にも約束されているからです。教父母は幼子に代わって洗礼の誓約をし、幼子が教会のうちで育てられてキリストを知り、キリストに従うように努めます

幼子の洗礼

　この問題も別の形ですでに述べたところです。「洗礼によって与えられる霊の恵み」は人間に対して与えられ、約束されるものです。年齢、性別、人種、文化、歴史などの相違によっているのではありません。ですから幼子も当然洗礼を受ける人間の一人です。

　しかし、幼子には明確な応答の能力はない、と言われれば確かにそうでしょう。自分個人の自由意思によって応答することはできないと言わなければならないでしょう。「信仰・悔い改め」が人間の神に対する自由な応答であるというのなら、幼子には未だそれができないということになります。

　しかし、洗礼は他のサクラメントと同様に、前に述べたように神の家族・神の民・教会共同体の出来事です。単なる個人的な出来事ではないのです。一人の人が洗礼を受ける時、教会が一致してその洗礼に参加しようとすると申しました。一人の幼子が洗礼を受ける時にも同じことが起こります。まず幼子の属する直接の家族、その家族を取り囲む教会という神の家族の出来事です。洗礼

を受けた幼子はこの家族に取り囲まれて、家族が一致して向かう神への応答の業(わざ)(信仰と悔い改め)に参加していくのです。

キリスト教の教派によっては、幼子の洗礼を行わない教会があります。私たち聖公会との決定的な相違点は、洗礼とその他の聖奠(せいてん)が「個人の出来事」であるか、それとも「教会共同体の出来事」であるかの点にあると言えるでしょう。

教父母

洗礼における教会共同体の目に見える姿は、教父母によって現されます。教父母は洗礼を受ける幼子(おさなご)に最も近い教会共同体の一単位です。洗礼を受けた幼子は、直接の両親と共に、教父母という身近な共同体の中で「悔(く)い改めと信仰」の道を歩むのです。

初代教会では、現在では考えられないほど幼子と教父母の関係は密接で具体的でした。迫害時代では、誰もがいつ逮捕され家族が離散するか分からない状態でした。迫害が激しい時には多くの幼子が孤児となる例が多かったと言われています。教会共同体において、このような事態は見過ごすことはできません。

そこで、幼子を持つ両親は親しい信仰の仲間に、危機が起こった時に自分たちの幼子を任せるという相互扶助(そうごふじょ)が考えだされました。幼子を任された人は、その幼子の両親が逮捕されたり、処刑されたりした時に、責任をもって幼子の成長を助けたのです。

初代教会ではクリスチャンたちは多くの場合、集団的な共同生活を送っていたと言われていますが、この相互

扶助の働きは、このような共同生活においてはむしろ当たり前のこととして受け入れられたと思われます。人びとは自分たちの幼子への相互扶助による保障があって、安心してそれぞれの信仰の生活を送ることができたのではないでしょうか。

現在ではもちろん物理的な意味での迫害はありません。しかし現在という時が、クリスチャンとして生きていくことを困難にする多くの条件が社会的に見られることも確かです。このような状況にあって、教父母の存在は新たな現在的意味を持っていると言ってよいでしょう。成人でも日常の教会生活を送ることに困難を感じることが多いのです。

現在の社会的な状況の中で、子どもたちが教会生活を送ることは、もっと難しいと言えるでしょう。キリスト教の信仰にとって、初代教会時代と異なる別種の迫害に襲われているといっても過言ではありません。教父母が幼子の洗礼の際に引き受けた責任は、初代教会の頃以上に重要になっていると言えるでしょう。

教父母は、また、彼らの洗礼の子となった人たちの信仰生活に対して、ある時は導き手となり、また、ある時は共に歩む同志としての位置を示すのです。新たに洗礼の恵みに与った人びとは、信仰生活、教会生活における様々な課題などを教父母と共に学び、実践し、キリストに従うものとしての生き方を身に着けていきます。

ですから教父母は、自らもまた、新たに洗礼を受けた人と共に、新たに信仰生活を生きようとするともいえるのではないでしょうか。その意味で、依頼された時には教父母となることを大切に考えていただきたいと思います。

著者からの質問 7

16〜20問「洗礼」を振り返って

あなたにとって、「新たに生まれる」とは、何ですか？

＋ ＋ ＋ ＭＥＭＯ ＋ ＋ ＋

21 問　聖餐（せいさん）とは何ですか

答　キリストのみ定めに従い、その苦しみと死およびよみがえりを、主が再び来られるまで、常に記念する聖奠（せいてん）です

22 問　聖餐の目に見える外のしるしは何ですか

答　パンとぶどう酒です。主はこれを受けることを命じられました

23 問　聖餐によって与えられる霊の恵みは何ですか

答　キリストの体と血です。信徒は信仰をもってこれにあずかります

24 問　キリストの体と血にあずかるとはどういうことですか

答　十字架につけられ、よみがえり、そして永遠に生きておられるキリストご自身の命を受け、キリストとの一致、またすべてキリストにある者の一致を強め

られ、罪の清めと、永遠の命に至る養いを受け、神と人に仕える者となることです

25 問　聖餐を行うには、どんな心構えが必要ですか

答　キリストの死とよみがえりを感謝し、キリストによって示された神の愛を真実に信じていること、また心から罪を悔いて懺悔(ざんげ)し、行いを改める決心をしていること、そしてすべての人を愛していることです

キリストのみ定めに従い

　洗礼と同様、聖餐(せいさん)は主イエス・キリストがご自身で制定され、私たちに絶えず行うように命じられた聖奠(せいてん)・サクラメントです。私たちは、主イエス・キリストご自身が使徒たちに直接命じられたことによって、最も重要で尊いサクラメントとして行います。この命令は、「最後の晩餐」の時になされました。それ以来、使徒たちから始まって、主イエスを救い主と信じる人びとによって行われ守られてきました。

　聖餐は私たちにとっては救いのしるしです。それは、私たちが救われていることの最も確実(あかし)な証でもあります。私たちは現在このサクラメントを毎主日(しゅじつ)に行います。主日（日曜日）は教会暦の骨格になる祝日ですが、聖餐を行うのに最もふさわしい時です。主日は週間の主イエス・キリストのご復活の記念日だからです。追々その意味を述べてまいります。（用語解説 p.320 も参照）

最後の晩餐（主の晩餐）

　福音書の記述によると、主イエス・キリストは使徒たちと共に福音の宣教にパレスチナの各地を巡り、さまざまな働きをお示しになり、神の恵みのすばらしさ、神の救いのみ業、私たち人間の神への応答の業について説き明かされました。主イエスの宣教の大きな特徴は、ただ言葉だけでなく行いによって示されたことです。これは決して偶然でもなんでもありません。実は主イエスご自身が神の受肉であるという真理を、身をもってお示しになったことを現しています。

　受肉とは、目に見える存在として示されていることという意味です。従って、受肉とは私たちの世界に現実となっているものであり、単に創造の産物ではないということを意味しています。主イエスの言行のすべては、受肉された神として、神のご意思を明確に示してくださる証でした。主イエスご自身のご生涯が、実はサクラメントそのものであったと言ってもよいでしょう。主イエスは目に見える神ご自身でありました。

　「最後の晩餐」は、このような主イエスによって行われます。いよいよ、十字架の最期が迫ってくるその時、主イエスは使徒たちを特に選んで共に食事をするように命じられます。エルサレムの二階座敷という言い方がされる場所で、その食事は行われます。そこには、主イエスと十二人の弟子たちだけが参加しています（マルコによる福音書 第14章12～26節、ルカによる福音書 第22章7～20節）。選ばれた人びとだけです。

　この食事の機会は、ユダヤで特徴的な食事の型です。ユダヤ人の間ではユダヤ教の暦によって重要な季節、あ

るいは家族的に重要な機会があった時には、このような食事を行いました。家族、あるいは政治的、宗教的、地域的なグループで同志的な集まりの食事です。

同志的ですから、関係のない人びとは参加しませんでしたし、招かれることもありませんでした。関係がなければ、招かれたとしても出席することはなかったでしょう。そのように限られた人びとの集まりであり、食事の機会であったのです。この特別な食事では、必ず主宰者(しゅさいしゃ)がいました。家族の食事であれば家長に当たる人、同志的な食事ではそのグループの指導者です。

食事の準備がされると、主宰者は、創造の神への感謝と賛美(さんび)の言葉をもって食事を始めます。私たちも食事の前には感謝の祈りを致しますが、私たちのするような簡単な祈りではありません。世界の創造の物語から今日に至るまでの神の大きな恵みと救いへの感謝と賛美です。

祈りが終わると、主宰者はパンを裂いて、食卓についている人びとに分け与えます。ここから実際の食事が始まるのですが、人びとが食事をしている間も、神の大きなみ業(わざ)への感謝と賛美の言葉、物語は続けられます。

現在でもこの慣行は、例えば修道院の食事の時にも経験することができます。修道士たちは沈黙の内に食事をしますが、その間中、必ず霊的朗読といって、聖書、霊的書物、聖人の教えの朗読が、担当する修道士によって行われます。修道士たちはこれを聞きながら、沈黙のうちに食事をするのです。

この霊的朗読に加えて、食事の主宰者が行われている食事の意味と目的を説き明かします。主宰者の言葉によって、参加者たちはその集まりの意味と目的を理解し、

同志的な結束を図(はか)り、そのグループの活動方針を承認します。そして一致してその目的のために働く決心を表明するのです。

このことを考えてみると、最後の晩餐は明らかに、主イエス・キリストを中心とした使徒たちのグループという同志的な集まり、食事の機会であったことが分かります。

この基本的な食事の慣行は現在でも、私たちは教会の中で実施しています。例えば、教会が重要な会議を行い、教会全体が関わる活動を決定する時には、いつでも聖餐(せいさん)式(しき)をもって会議を始めるのです。個教会の受聖餐者総会、教区会、日本聖公会総会、いずれの場合でも、私たちはまず議事の前に聖餐式を行っています。

実際、主イエス・キリストの行われた最後の晩餐を比較すれば、現在の私たちにとっては、会議と聖餐式は区別されているように見えますが、実はその全体が聖餐式の中で行われているのだ、と考えることが正しいと思います。

食事の最後に、一つの杯(さかずき)が一同に渡され、そこから参加者一同がぶどう酒を飲み回すのです。この杯を「祝いの杯」といいます。聖餐式文の中の「感謝聖別の祈り」の中で、主イエスの聖餐制定の言葉がありますが、そこに「食事の後」とある所に注目してください。私たちがいただくぶどう酒、主イエス・キリストの血の杯は、この「祝いの杯」なのです。

このような順序で食事は行われました。主イエス・キリストが私たちにお命じになった食事には、このような意味内容があるのです。

主イエス・キリストの最後の晩餐では、この順序が実

際に行われていることが分かります。ヨハネによる福音書によれば、最後の「祝いの杯」に続いて、「足を洗う」(p.157)ことが行われます。これは食事の間中なされた主イエスの教えの実践を具体的に表したものであって、主イエスの教えの一部と考えてよい部分と言えるでしょう。

十二人の弟子たちはこの食事に参加することによって、主イエスの地上でのお働きを継承する者となりました。正確には十一人でした。イスカリオテのユダだけはこの食事から途中退席したと記録されています(ヨハネによる福音書 第13章30節)。この退席が表す意味は、この同志的な集まりからの脱退であり、参加の拒否でした。

最後の晩餐(主の晩餐)への参加・不参加の意味は、このようなユダの行動によって明らかになります。裏切りより前に、彼は主イエスと使徒たちの集まりから明確に脱退しました。不参加は脱退を意味するのです。

この事実は、現在の教会で行われている聖餐式への参加・不参加においても同じ意味となることに注意してください。

限定された人びとの集まりという性格があると最初に申しましたが、主宰者は明確な意図と目的をもってこのような食事を招集します。最後の晩餐の場合は、まさにそうでしたし、主イエスのお働きを地上において継続するためというはっきりした目的があって行われました。

ここで「放蕩息子」の物語を思い出してください。ルカによる福音書 第15章です。父親の財産を無理矢理手に入れて、放蕩の限りを尽くした次男坊が、せっかくの財産を使い果たし、ぼろぼろになって帰ってきます。父親は「失われたものが再び見出された喜び」を共にする

ために食事を招集、準備します。そこに、父親に忠実な長男が畑から帰ってきて、「なんでこんなことをするのか。弟はあんなふしだらなことをしていたのに、なぜこのような歓迎をするのか。忠実に働いてきた私にはついぞこのような食事・宴会を開いてくれたことはなかったのに」と言って、食事に参加しようとはしませんでした。

父親は兄に向かって深く言い聞かせます。そして、この食事に参加しないことは、主宰者である父親の意思に反することであり、ひいては家族の集まりの否定になることを言外に述べているのです。

そこにいることが、参加することが重要なのです。参加しないのは、その家族から離れること、同志から外れることなのです。家族でない人びとや同志でもない人びとは始めから呼ばれないし、呼ばれても参加を断ったでしょう。また食事の目的が明らかでない時には、このような食事は成立しませんでした。私たちが現在行っている聖餐式も、このような食事なのです。

最後の晩餐と聖餐式

最後の晩餐において、主イエス・キリストはこの食事を絶えず行うように、そしてまた一同が共に食事をする時には、必ずパンとぶどう酒をもって、主イエス・キリストがお示しになったように行うよう命じられておられます。その命令に従う道が聖餐式を行うことなのです。

最後の晩餐で行われたことと形は異なりますが、本質的には全く同じ食事を行うのです。最後の晩餐の持っている永遠的な意味、すなわち、最後の晩餐は歴史のあの時に行われた事実ですが、最後の晩餐の永遠性は現在の

聖餐式にも及んでいます。私たちの行う聖餐式は最後の晩餐そのもの、という聖餐式理解です。繰り返しや反復、あるいは再現や単なる思い出ではありません。主イエス・キリストがそこに出席しておられる、あの最後の晩餐なのです。

歴史を通して、最後の晩餐と全く同じ形ではありませんが、一つの典礼という型に発展してきた最後の晩餐（主の晩餐）を行っているのです。ただ一度行われた最後の晩餐は、その永遠性において現在もなお、その一回性が現実のものとなっているのです。

永遠とは「常に現在」であるということは、すでに申し上げました(p.133)。聖餐式はまさにそれなのです。「記念」という言葉も、ここでは聖餐式の永遠性と結びついている重要な言葉です。「記念」とは、単に思い出すと言うことではありません。原語的に申しますと、「過去にあった事実が現在でも現実である」ということです。難しい問題ですが、ここでも永遠という言葉が重要な役割を持っていると思います。

過越の祭・最後の晩餐・ユーカリスト（聖餐式）

「最後の晩餐」について、新約聖書の四つの福音書（マタイによる福音書,マルコによる福音書,ルカによる福音書,ヨハネによる福音書）はそれぞれ独自の記録を残しています。記述の内容には多少の相違点が見られます。これは、福音記者それぞれの特別な関心事が関係しているからでしょう。しかし、そのどれもが相違点を持ちながら、いずれも「過越の祭」との関わりを示しています。

マタイによる福音書では明白に最後の晩餐が過越の祭

の食事であったことを述べています。マタイによる福音書の第26章17節以下に弟子たちが主イエスに向かって、「どこに、過越の食事をなさる用意をいたしましょうか」と聞いている部分があります。さらにマタイによる福音書は念を押すように、繰り返し過越の祭に言及しています。

マルコによる福音書も第14章12節以下でマタイによる福音書とほとんど同じ言葉と状況の記録を残しています。ルカによる福音書では、主イエスご自身が「行って過越の食事ができるように準備しなさい」と弟子たちに命じられています。このように三つの福音書ではほとんど共通に、最後の晩餐が過越の祭のための食事であったと言っています。

ヨハネによる福音書は他の三福音書と異なり、第13章1節に「さて、過越祭の前のことである」「夕食の時であった」と記述して、最後の晩餐が過越の祭の食事であったとは明らかにしていません。しかし、古代の文書を読む時にこのような相違点が複数の文書に出てくることはままあることです。むしろ、私たちは過越祭の前であった、と指摘していることに注目すべきでしょう。

ヨハネによる福音書は何かの事情で、正確に最後の晩餐が過越の祭の食事であったことを述べませんが、過越の祭と何らかの関係があるということを間接的に述べていると考えてよいでしょう。古代文書はこのような表現をすることがあります。

過ぎ越し、自由と解放

そこで、過越の祭とは何でしょうか。旧約聖書の出エジプト記 第12章を見てください。かつては、優遇され

ていたユダヤの人びとが、エジプトの王朝が変わったことによって、奴隷(どれい)の境遇に落とされます。楽しんでいた自由も、社会的な特権もすべて奪われてしまいます。新しい王朝は、前の王朝で優遇されたユダヤ人たちに過酷な抑圧を加えます。

　ここにユダヤ人たちの悲惨な状況を目(ま)の当たりにした人物が、神の命令を受けて立ち上がります。この人物が有名なモーセです。モーセは果敢にファラオ（エジプト王）に対してユダヤ人の自由と解放のために交渉を繰り返しますが、ファラオはユダヤ人を解放しようとはしません。当時、エジプトにおけるユダヤ人たちは、エジプトで国家建設のために必要な技術者たちであったようです。ファラオはユダヤ人たちの能力を手放したくなかったと言われています。

　ついに最後通告の時が来ました。出エジプト記をご覧ください。神はユダヤ人たちの自由のために、主の過越を実行されるのです。このユダヤ人の歴史において、おそらく最も心躍る物語がここに展開します。小羊・血、そしてその肉を食する、ということが過越の祭の食事の基本的なイメージとなります。

　最後の晩餐におけるイメージと比較してください。そこには驚くほどの共通のイメージが描きだされています。ユダヤ教においてこの過越の祭が持っている自由と解放の意義は、ここで最後の晩餐の中にはっきりと受け継がれるのです。最後の晩餐は、過越の祭の意義を受けて、私たち人間の自由と解放が私たちの生活の中で実現していることを宣言する喜びの食事となるのです。

　ヨハネによる福音書は、その自由と解放は、自らの

自由な意志と行動において、人びとに仕えることによってさらに確固としたものとなると宣言し、「足を洗う」(p.157)という記録を丁寧に残しています。

　こうして四つの福音書は相違点を持ちながら、いずれも人間の自由と解放をうたい上げていると言えるでしょう。聖餐式(せいさんしき)をユーカリスト、すなわち感謝と賛美(さんび)、そして喜びの集会とするのは、このような意味が本来のものとして在るからです。

ユーカリスト

　初代教会では、現在私たちが聖餐式と呼んでいる共同の食事をユーカリストといいました。ユーカリストとは感謝・喜び・祝福が合わさったような言葉です。

　聖餐式という用語は、むしろこれが最後の晩餐であることを示そうとしているといってよいでしょう。この食事はその目的と性格から、主イエス・キリストの死・復活・そして再臨を表しているのですが、主イエス・キリストのお働きとそのご生涯に合わせられる喜び、主イエス・キリストと一致することの喜びが、最後の晩餐の内容になるのです。ですから、その喜びと感謝・賛美を意味するユーカリストという言葉が初代教会で普通に用いられていました。

　日本聖公会祈祷書では正式にこの用語を用いておりませんが、事実上、ユーカリストを聖餐式の意味で用いるのは普通になっています。

　ことに、ある時代的背景の中で、聖餐式を主イエス・キリストの犠牲(ぎせい)の祭りという面を強調した時がありました。聖餐式自身が犠牲祭であるという考え方です。この

考え方は全く誤りとは言えません。しかし、この結果は必要以上に主イエス・キリストの犠牲を強調することになり、犠牲への感謝というより犠牲を導き出した私たちの罪に強調点が集中することによって、初代教会が捉えていたような喜びの祭りの意識が薄れることになりました。ただひたすら罪を悔いるというわけです。

しかし、罪は主イエス・キリストのみ業、十字架の死と復活によってすでに赦されているという基本的な信仰からすると、ちょっと脇道と言えるでしょう。かえって主イエス・キリストの福音がゆがめられることになりました。

現行の日本聖公会祈祷書は、初代教会の立った方向に向こうという意図が明確にされたもので、世界的な広がりでの方向性と一致しているといってよいと思います。そこでユーカリストが普通に使われているのです。

主が再び来られるまで

私たちはユーカリスト（聖餐式）を常に行います。それは、「主が再び来られるまで」です。主イエス・キリストの再臨への信仰とは、実は聖書が信仰の一つの根拠としている終末と密接に関係しています。さらにこの問題は聖書の歴史観とも言える問題なのです。

世界の歴史は神の世界創造というある一点から始まった、と聖書は言います。私たちの理解する神の創造の業は、現在においてもなお継続しています。創造はある時に起こり、そこで完成したわけではありません。ここにも神の創造の業の永遠性の問題が関係しています。今もなお神はこの世界を創り続けておられると申しましょう

か。しかし、それは明確な方向性を持っている業であることは強調されなければなりません。神は真の完成に向かってその創造の業を行っておられるのです。聖書が歴史的文書の中で述べているように、神の救いの業は絶え間なく行われ私たちに及んでいるのです。

終末とは、神がそのみ業を完結された時ということなのです。何か恐ろしい時がやって来るというよりも、私たちは終末を完成と捉(とら)えるべきでしょう。すべての問題は消滅し、神の完全な支配がすべての被造物に及ぶのです。

あえていえば、人間は神の被造物の一部でありながら、絶えず神の意思に反する行為を続けてきています。それはちょうど、創世記の三章の物語にあるような、アダムとイブの反逆と分裂を繰り返しているといってよいでしょう。神の創造の業(わざ)は現れましたが、その業を完全なものとすることに私たちは反対してきたのです。

その反対と反逆を、神はお赦(ゆる)しになります。そのような人間をエデンの園から追放なさるのではなく、むしろ受け入れようとなさいます。それが主イエス・キリストの福音が述べるところです。

神は主イエス・キリストをこの世にお遣わしになることによって、終末、すなわち世界の完成の時に向かうべき方向をお示しになり、被造物が生きるべき生き方を示されました。主イエス・キリストと一致するというのは、主イエス・キリストがお示しになる方向に私たちも向くことによって、主イエス・キリストと他のすべての人間と共に世界の完成に向かって歩む道なのです。救いの道にのせられていることの証(あかし)ともなるのです。

その歩みを支えてくださるのが、神の食事、すなわ

ちユーカリスト（聖餐式）です。その道に受け入れられていることへの感謝と賛美がユーカリスト（聖餐式）です。ですからユーカリスト（聖餐式）は、終末・完成に向かって主イエス・キリストと共に歩むことを表しているといってよいでしょう。

主イエス・キリストが再臨され、その旅路が終わり、世界の完成の時が訪れた時には、ユーカリスト（聖餐式）は必要なくなります。その時が来るまで、完成というすべての私たちを支えるものが必要なくなる時が来るまで、私たちは絶え間なくユーカリスト（聖餐式）によって支えられ、養われ、主イエス・キリストとの一致が、人びととの一致が強められていなければなりません。

パンとぶどう酒、主イエスの体と血

ユーカリスト（聖餐式）の「目に見えるしるし」はパンとぶどう酒です。これはユーカリスト（聖餐式）が神の食事であることを明白に示します。パンとぶどう酒は主イエスの時代には食事の基本形でした。ちょうど、私たちのご飯と味噌汁のような感じです。もっと基本的な食事の形であったと言ってもよいでしょう。現在でもパンとぶどう酒さえあれば一度の食事が成り立つ生活をしている人びとが世界にはたくさんいます。人びとがパンとぶどう酒と聞けば、確かにそれが必要とする食事であることが分かるでしょう。

最後の晩餐において、主イエスは用いられたパンをご自分の体になぞらえられました。ぶどう酒をご自分の血と宣言されています。前に述べた犠牲祭のありさまが、ここに見られます。

一般的に言って、古代世界では動物を犠牲(ぎせい)(生けにえ)として捧げ、その動物を焼いて食べるという習慣がありました。祭りでは人びとは何かの願いを捧げました。そこで捧げられる犠牲の動物はその願いを届ける物であって、一度捧げた犠牲を食べることによって、願いが実現すると考えたのです。

　この宗教的習慣がユーカリスト(聖餐式)に反映しているということは十分考えられます。しかし、ユーカリスト(聖餐式)はそれ自体犠牲祭ではありません。主イエスの十字架によって完成した犠牲を感謝・賛美(さんび)する祭りです。ですから、古代の習慣にあるような犠牲の動物の肉を食する、血を飲むということと同じではありません。この点ははっきりと区別しておかなければならない重要な問題点です。

　ユーカリスト(聖餐式)においては、その贖(あがな)いを完成された主イエス・キリストとの一致を明らかに示す行為であるといいます。また、人びとと共に分かち合っていただくのは、主イエス・キリストとの一致、人びととの一致を示すといいましょう。

　その一致を指して、「交わり」(コミュニオン)と言います。ユーカリスト(聖餐式)を「聖なる交わり」(Holy Communion)とも言いますが、それはこのように、主イエス・キリストの体と血を共にするという意味なのです。同時に、主イエス・キリストの体と血を共にするとは、主イエス・キリストが私たちと共に「ここにいてくださる」ことを示します。ユーカリスト(聖餐式)の霊の恵みがここに現れます。

　さらに、ユーカリストにおける主イエスの体と血は、

私たちにとって、「霊の食べ物」とも呼ばれます。ユーカリスト（聖餐式）が最後の晩餐であることと同時に、それが主イエスが直接主宰される食事であること、そしてその体と血をいただくことによって私たちの信仰が養われ力を与えられ、主イエスのご命令に従って働くことができることを表しています。私たちが食事によって力を得るように、ユーカリスト（聖餐式）によって霊の力が増し加えられるのです。

神と人に仕える

私たちはユーカリスト（聖餐式）によって支えられ、養われ、完成への道をたどります。しかし、その道は平坦ではありません。私たちがこれまで長い間に築き上げてきた、神に向かうのではなく自己に向かう道筋から、私たち自身の方向転換（p.50〜）をするのは容易ではないからです。

主イエス・キリストはその方向転換の近道を教えてくださいました。それは自分に向かうのではなく、他の人びとに、まず、向かうことでした。他の人びとに仕えるということがその近道です。

私たちは普通私たち自身の意識の中で、常に私たち自身のことを第一に考えています。何をするにしても自分がまず最初にやってきます。自分の利益、自分の体面、自分の名誉、自分にとって良いこと、などなどです。

「神と人に仕える」というのは、すぐ何か人のためにしなければならないというのではありません。まず、あらゆる点で自分に向いていた方向を、他の人に向けようとすることが大切なのです。自分にのみ向けられていた

意識を他の人に向けるのです。

　他の人といっても、その範囲は膨大です。私たちが「人のために」と言う時には、私たちが未だ見たことも聞いたこともない人びともその中に入っています。私たちと関係ない人びとにまで、なぜ私たちの意識を向けなければならないのかという人もいるかもしれません。

　しかし、よく考えてください。そのような人びとも、私たちと同様に神の創造の賜物(たまもの)なのです。人びとに仕えようとすることは、神の創造のみ業(わざ)に感謝して、神に仕えようとすることと同じなのです。

　すべては神の被造物だというとすれば、その「すべて」とはまさに「すべて」なのです。例外はありません。私たちが考える範囲ではないのです。対象は無限と言ってよいでしょう。

　私たちの力には限りがありますから、無限の対象に、無限の働きを傾けることはできないのは当然です。しかし、少なくとも私たちの力の及ぶかぎり、「仕える」ことは重要です。

　最後の晩餐(ばんさん)に際して、主イエス・キリストは自ら弟子たちの足を洗うという尊い行為で、仕えることの実践をお示しになりました（ヨハネによる福音書 第13章1～17節）。「足を洗う」とは、当時、奴隷(どれい)の仕事でした。主イエス・キリストは弟子たちに向かって、すべての人びとの奴隷になれ、と命じておられるのです。奴隷は主人のことだけを考えるようにされます。

　主イエス・キリストは足を洗う行為によって、自分ではなく他の人びとを常に思え、と教えておられるのです。それが人に仕えることであり、ひいてはその人を創造さ

れた神に仕えることになるのです。

ユーカリスト（聖餐式）は「交わり」という言葉で単に、他の人びとと仲良くしなさい、というのではありません。それ以上に、「仕える」という具体的な行為が期待されていると言わなければなりません。その仕えることの積み重ねが、完成の時に向かう道そのものなのです。救いの道なのです。救われていることの証です。

いと、小さきもの

教会ではよく、「小さいもの」への奉仕と献身がうたわれ勧められます。「いと、小さきもの」とは、社会の中で、いつも虐げられたり、隅に押しやられたり、無視されたりしている人びとのことを指すと考えられています。そこで、現在では差別されている人びと、抑圧されている人びと、迫害されている人びと、社会の少数者の人びとが、この「小さいもの」に数えられているようです。確かにその通りだと思います。

福音書の中に出てくる「小さいもの」（マタイによる福音書 第18章1〜5節、マルコによる福音書 第9章36〜37節、ルカによる福音書 第9章46〜48節）として、子どもたちが登場します。

私たちは子どもたちと聞くと、綺麗な服を着せられ、いつも可愛がられている子どもたちを、つい連想してしまいます。聖書時代の子どもたちは決して可愛かったり、綺麗だったりしてはいません。汚れ放題に汚れて、臭くて、シラミやダニの巣のようになっているのが普通でした。人びとはそのような子どもたちを蹴散らして平気だったのです。弟子たちさえも子どもたちが近づいてくるのを嫌がりました。

主イエスがそのような子どもたちを抱き上げられた時、それを押し止めようとしたのも当然だったのです。そこで私たちは、主イエスが子どもを抱かれたことに対する人びとの驚きを感じ取らなければなりません。当時の人びとにとってこれは、とてつもない驚きであったでしょう。主イエスの行為は当時の人びとの常識を覆（くつがえ）すものだったからです。

　ですから、「小さいもの」に仕えるというのは、私たちが常識と思っていることを真っ向から否定するものでもあるでしょう。

　神の恵みはすべての人びとに及ぶ、及んでいる、というのがキリスト教の基本的な主張です。問題は、実際にそうでしょうか、というところにあります。私たちがぼんやりした目で見ても、不幸な境遇にいる人びとが私たちの周囲にはたくさんいます。いろいろな理屈はあるでしょうが、とにかく私たちが見て不幸な人びとがいるという事実は否定できません。

　人間の不幸にはさまざまな形があります。これが直ちに神の恵みの問題と結びつくかどうかは一つの問題かもしれません。しかし、人びとの望みが無視されて、結果として不幸な状態にいるとすれば、私たちはその事実を心から受け止めなければなりません。人間の不幸は、やはり神の恵みのみ業（わざ）から外されていることと言うべきでしょう。

　誰が外していますか？　人間なのです。神ではありません。神の恵みが及んでいないというのは神の責任ではなく、そこに立ちはだかって、恵みの流れを妨げている人間なのです。つまり「私たち」と言ってよいのです。

もし「人に仕える」ことが大切な問題であるとすれば、「人の足を洗う」(p.157) ことが主イエス・キリストのご命令であるなら、私たちはこのような人びとを、私たちの意識の中にしっかりと捉えなければなりません。そして、私たちが出来るかぎりのことを実践に移すべきでしょう。

　重ねて申します。人びとに仕えることは、その人びとを創造された神に仕えることに他なりません。ですから、教会はさまざまな方法で実践に努めてきました。教育、医療などに熱心に努めてきました。

　今や一般社会が、そのような働きに教会よりも熱心のようです。教会はさらに先駆者としての働きを強化していく必要があるように思います。国の内外にわたって、神の恵みから外されている人びとがあまりにも多いと感じるのは、だれしものことと思います。

すべての人びとがユーカリスト（聖餐式）に

　私たちの信仰と希望と愛は、神が創造されたすべての人びとが、神の共同の食事であるユーカリスト（聖餐式）に参加できることの実現です。全世界、神が創造された全世界が一つになって、完成された神の新しい世界に参加することです。同じ食卓に着けることです。

　私たちが「福音の宣教」という時、その目的はここにあります。教会の存在理由もこれです。福音の宣教を、キリスト教という一つの宗教を広める活動と考えたくはありません。それはもっと人間という存在の根底に関わることと言えないでしょうか。

　そこに聖書が示そうとする思いがあることは明らかで

すが、私たちはそのような思いを一宗教の主張としたくありません。人類共通の課題として取り上げたいのです。

ですから、文字通りすべての人びとが私たちの意識の中に入らなければ、この希望の実現はあり得ません。「宣教」の意味もはっきりしなくなります。人びとを洗礼に導くことも、その意味が明確にはなりません。

まず私たちがユーカリスト（聖餐式）の誠実な実践者にならなければいけません。実践していないことを他の人びとに語りかけることはできないからです。すべての人びとが同じ食卓につくこと、これが私たち教会の希望です。この希望に向かって進んでまいりたいと思います。そこに私たちクリスチャンの生活、信仰生活の基本があるはずです。

下世話な言い方で恐縮ですが、「一緒に飯が食える」関係こそが真の「交わり」の実現と信じます。与えられたものを分かち合い、一つのパンを分け合い、一つの杯を共にする、一緒に食事をすることの喜び、そこに参加することの喜びと感謝と賛美、これがユーカリスト（聖餐式）です。

ユーカリスト（聖餐式）の実際

聖公会の多くの教会では、毎主日にユーカリスト（聖餐式）が行われています。現在用いられている祈祷書の式文は長い歴史を経て練り上げられた精緻な構造を持っていますが、その中をよく検討してみると、初代教会で行われていたユーカリスト（聖餐式）の内容が慎重に保持されていることに気づきます。

本書の冒頭の部分で、ユーカリスト（聖餐式）は「エ

クレシア」の唯一の公式な集会であったと述べました(問1, p.21)が、この点は、聖書の朗読、説教、懺悔(ざんげ)において具体的に保たれていると考えられます。

エクレシアがもともとは都市議会の集会を意味していたということ、そしてそこには都市住民の全員の参加が義務付けられていたということが、これらの諸点に現れているのです。都市議会はその年の守護神の託宣(たくせん)に基づいて、都市市民が行動すべき課題について討議し、結果を全員によって担うという歴史がありました。キリスト教会はそこら学び、キリスト教の生きる姿を実現していったのです。

キリスト教会はその集会において、聖書を基準として、当該の教会の目的への提言が述べられ、具体的な適用が説教で行われます。私たちはまた、懺悔(ざんげ)において目的達成への私たち自身の在り方を反省し、教会全員が一致して目的の実現に進んで行くことができるよう、将来に向けての決心を公(おおやけ)にします。ここでは当然ですが、長期目的、短期目的が討論されるでしょう。牧師を始めとする指導的立場の人びとは質問に答え、討論に参加し、その教会の週間の活動を決定していくのです。

現在の教会ではこのような実践は行われていません。そのような在り方としての説教は行われないようになってしまいました。しかし、ユーカリスト(聖餐式)が現在からは想像もできないほどの実際的側面を持っていたことを考えますと、教会の在り方を考え直す上でも、初代教会でのユーカリスト(聖餐式)の在り方を再考することは決して非現実的なこととは思えません。

もし、このようなユーカリスト(聖餐式)本来の在り

方が再考されるなら、その過程のなかで個教会が同時代に対して持つべき目的、存在理由は当然討議の対象になることでしょう。教会が長期的計画を考える大きなきっかけになることも期待できます。それゆえ、祈祷書の改訂作業のなかにこの点を含ませることは、近い将来の課題であると思っています。

著者からの質問 8

21～25問「聖餐(せいさん)」を振り返って

あなたにとって食事とは何ですか?

＋ ＋ ＋ Ｍ Ｅ Ｍ Ｏ ＋ ＋ ＋

26 問 キリストが定められた洗礼、聖餐と共に、聖霊の導きにより、教会のうちに行われてきた聖奠的諸式は何ですか

答 堅信、聖職按手、聖婚、個人懺悔、病人の按手および塗油の諸式です

27 問 聖奠および聖奠的諸式、その他教会の働きはだれが行いますか

答 神の民が共同体として行います

聖奠的諸式

前にも述べたように、キリスト教会のさまざまな営みはユーカリスト(聖餐式)を実践するところから始まったのですが、徐々にキリスト教会内の生活の形や制度、規則などの形が固まるようになると、人びとはいろいろな質問をするようになりました。新約聖書時代にすでにその様子が、聖パウロの手紙の内容などからうかがうことができます。そのような質問と答えがキリスト教神学を形成していくのです。

神学という形が徐々に出来上がるようになると、例えば礼拝においても、一つひとつの祈りや動作の意味を問いかける質問が増えてきました。主イエス・キリストと直接出会った使徒たちの時代が過ぎて、いわゆる第二世

代、第三世代になりますと、このような質問はますます増加します。特に、人びとの最大の関心事であった救いの問題には質問が集中するようになりました。サクラメントという考え方が固まってくる過程の中でも同じことが起こりました。

救いのしるしとしてのサクラメントについては、人びとの間に質問が繰り返しなされたであろうことは容易に想像がつきます。どうしても、これだけは必ず受けなければならないとされるサクラメントと、人の一生の中で必ずしも必要でないものの区別がそろそろ出始めます。ここから「聖奠(せいてん)・サクラメント」と「聖奠(せいてん)的・サクラメンタル」という区別が生まれることになります。

教会の長い歴史の中で、聖奠(せいてん)・サクラメントに関する議論は、それらがキリスト教会の生きる姿にとって重要であるために、さまざまな展開を見せてきました。人の一生に関することはすべて聖奠(せいてん)・サクラメントとするということもありました。しかし、次第にそのような考え方が整理されていって、現在日本聖公会が公式に取っている姿勢は、救いに絶対に必要な二つの聖奠(せいてん)・サクラメントと、必ずしも絶対ではないが聖奠(せいてん)・サクラメントとほぼ同様に捉(とら)えられる五つの聖奠(せいてん)的・サクラメンタルなものとするようになりました。

ここまで来るのには随分長い時間が掛かりましたが、特に重要な契機はやはり英国における宗教改革だったと言ってよいでしょう。

絶対に必要な洗礼と聖餐は、主イエス・キリストご自身が制定され、これを行うように命じられているものです。どのような場合でもこの二つを欠けば、キリスト教

はそれ自体成り立たない、という重要な聖奠・サクラメントです。この内容についてはすでに述べました。

洗礼は、これなしには私たちの方向は定まらない、私たちに与えられた救いの道に立つことが出来ない、それは私たちの人生における大きな方向転換 (p.50〜) という意味で絶対的に必要だといいます。

聖餐はまさに、私たちに与えられている救いの証そのものであり、これによって初めて私たちはその救いの道に進んで行くことが出来るという意味で絶対的に必要なのです。

その他の五つについて見てまいりましょう。

サクラメントの正当性

サクラメントの正当性と言いますのは、多少神学の問題になるかもしれませんが、サクラメントが正当に行われたかどうか、さらにそれらの行為が救いのしるしとなり得るかどうかを判定する条件についての問題です。簡単に述べておきましょう。

① サクラメントを執行する人
② サクラメントを受領する人
③ サクラメントの目に見えるしるしを示す材質
④ サクラメント執行に用いられる言葉
⑤ サクラメント執行の意図・目的

という五つの条件です。これら五つの条件を満たさないと、そのサクラメントは正しく行われたことにならないというのです。

このような考え方も、神学が固まる過程でさまざまな

質問や疑義が出るたびに、それらに答えようとして、次第に定型化していった結果です。通常はあまり問題にはならないでしょう。しかし、信徒として知っておくべき事柄もありますので、ここで少し整理しておきましょう。

◇ 洗礼
① 誰でも良い
② 洗礼を受けたことのない人で信仰と悔い改めの意思を公(おおやけ)に示す用意の明らかな人
③ 水（聖水）
④ 「（教名）、父と子と聖霊のみ名によってあなたに洗礼を授けます　アーメン」
⑤ 志願者を教会の交わりに受け入れ、救いの道に進ませるため

ここで注目してよいことは、洗礼を授ける人には条件がつけられていないということです。状況によるわけですが、他宗教の人、無宗教の人、反キリスト教の人、無神論の人でも、洗礼のサクラメントは正当に行われたとされることです。

もちろん四の言葉は重要です。これが唱えられているかぎり正当なのです。

病床にある方で臨終(りんじゅう)が迫ってきた時、聖職者も信徒もいない場合、その方が望み、病床に付き添う人が行う場合もあるかもしれません。それは正当と認められるのです。もちろん、後になって教会の司祭に正しく報告がされる必要があります。

◇ 聖餐式
　① 正当に按手された主教または司祭
　② 信徒
　③ パンとぶどう酒
　④ 聖餐式文全体、特に感謝聖別の祈り
　⑤ 神の恵みと救いの証を与える

　限定的な考え方をする人びとは、主イエス・キリストの聖餐制定の言葉によると考えています。しかし、ユーカリスト（聖餐式）の全体的な意味から考えると、むしろ式文全体が統一的にその意味を示していると言えましょう。

◇ 堅信
　① 主教
　② 洗礼を受領している人
　③ 主教の手（と聖油）
　④ 「（教名、姓名）父と子と聖霊のみ名によって、あなたに手をおきます。主よ、聖霊によってこの僕を強くし、ますます主に仕える者とならせてください　アーメン」
　⑤ 救いの道に立ち神と人に仕えさせるため

　油は現在日本聖公会では用いられていませんが、一般的には重要な要件でした。古くは、手を按く、油を塗ることによって責任を担わせたということが、聖書に記録されている任命・派遣の方法でした。

◇ 聖職按手(あんしゅ)
　① 主教
　② 執事の場合は信徒、司祭の場合は執事、主教の場合は司祭
　③ 按手する主教の手
　④ 「主の教会における執事（司祭・主教）の務めと働きのために、主の僕(しもべ)（教名）に聖霊を注いでください。アーメン」
　⑤ 教会の働きを秩序立て、定められた教会の働きを進め、信徒への奉仕、人びとへの奉仕、世界への奉仕と宣教に献身するため

　按手では聖油が用いられるのが伝統でした。これは堅信の場合と同じ意味です。現在日本聖公会においては油は用いられないのが普通です。

◇ 聖婚(せいこん)
　① 司祭または主教
　② 信徒の男女
　③ 当事者二人の誓約と主教・司祭の宣言（日本聖公会祈祷書 p.309～311）
　④ 当事者の握手、指輪、また油が用いられることもある
　⑤ 二人の男女が夫婦としての生活を送ることによって神の愛と栄光をこの世に示すため

　執行者、ここでは司祭または主教としておきましたが、実は聖婚式を行うのは当事者の二人という考え方があります。この場合、聖職者は証人、立会人の役割を担うと

されています。神学的にはそのように考えるのが適当と思います。それは、二人の誓約・結婚の契約を行うのは当事者二人であり、司式聖職は誓約の証人となるという理由からです。

◇ 個人懺悔(ざんげ)
① 司祭あるいは主教
② 信徒
③ 償(つぐな)いの業(わざ)
④ 日本聖公会祈祷書 p.298 以下の主教・司祭の赦(ゆる)しの言葉
⑤ 救いの道を外れたことの自覚と主イエス・キリストの道に立ち返る決心を勧めるため

◇ 病人の按手および塗油(とゆ)
① 司祭または主教
② 病床にある信徒
③ 「父と子と聖霊のみ名によって、あなたに手をおきます。主よ、主のいやしのみ力によってこの兄弟（姉妹）を強めてください。アーメン」
また、「父と子と聖霊のみ名によって、あなたに聖油を塗ります。アーメン」
④ 聖油
⑤ 病気の苦しみによって主イエスから離れず、かえって神と教会が共に在ることを知り、救いの恵みを感謝するため

以上がサクラメントの正当性に関する事柄です。神学者によって、また聖職者の考え方によって多少の相違はあると考えられますが、大体このようにこれまで考えられてきているというところをご紹介しました。

堅信(けんしん)

初代教会では、ご復活の前日、あるいはご復活の当日の早朝、洗礼が行われました。洗礼に引き続いて、受洗者たちは主教から祝福を受け、神と人に仕えるためにこの世に派遣されます。主教職については後で詳しく述べたいと思います(問30〜31, p.194〜)。この派遣の式を堅信式といいます。主教は聖霊の賜物(たまもの)(用語解説 p.322)が志願者にくだることを祈り、この世の困難を乗り越えて、主イエスがお命じになったクリスチャンの勤めに励むように激励します。

堅信では主教が一人ひとりの頭に手を置きます。この動作を按手(あんしゅ)と言います。按手は旧約聖書の中にも現れている大切な動作で、ある権威と責任を与える、あるいは継承させるという意味があります(p.194、用語解説 p.318も参照)。そこでこの式は信徒按手式とも呼ばれています。按手によってこの恵みを受けた人はクリスチャンとしてのこの世での責任を与えられ、その責任を果たすことができるように、主教が祈ってくださいます。

初代教会では堅信の後、必ずユーカリスト(聖餐式(せいさんしき))が行われ、派遣の実際が明らかにされたのです。

聖職按手

問答の30〜31(p.190〜)において詳しく申し上げます。

聖婚

結婚は、私たちにとって人間の生活の形の一つです。新約聖書の聖パウロの手紙には、結婚について大変消極的な教えが書かれていますが（コリントの信徒への手紙 第一 第7章25～40節）、これは当時の教会が直面していたさまざまな困難な状況と世界の終末が近いという信仰的な状況を反映しているからです。教会はこのような状況が変化するにつれて、結婚を信徒の信仰生活の重要な問題として取り上げるようになりました。

信徒たちの世代が下がり、幼児や年少者たちが洗礼を受けることができるようになると、信徒の子弟で結婚を希望し、教会の祝福をいただきたいと願う人びとが多くなりました。教会はこのような要請に応える形で、結婚の式を生み出すようになったのです。

結婚と契約

キリスト教がキリスト教として成り立つ上で、私たちは一つの重要な問題をここで考えておきたいと思います。それは「契約」という考え方です。

私たちは旧約聖書と新約聖書というふうに、聖書が名付けられていることを知っていますが、この旧約や新約の「約」というのは、契約の「約」なのです。ですから旧約聖書は主イエス・キリスト以前の「神と人間の契約」、新約聖書は主イエスを通しての「神と人間の契約」を意味しています。

すべては契約によって起こり、保たれ、行われると言ってよいでしょう。それによって契約を交わした当事者たちは、自己の社会おける立ち位置と自己の社会における

位置づけや責任、また、様々な権利も保証されます。

今学んでいる聖奠(せいてん)・サクラメントも、すべてこの契約を実行するという意味で重要なのです。神が、そして主イエスが約束されたことへの応答として、私たちは行うと言えるでしょう。また、神は私たち人間に対する契約を必ず実行されると私たちは信じているのです。

結婚も例外ではありません。ことに結婚では、当事者の男女が互いに自分たちの結婚を成立させ、維持発展させていく上で、必要不可欠な問題をそれぞれ自分たちの生き方として約束するのです。ですから聖婚式はそれ自体、重要な契約式と考えてよいでしょう。式文の「誓約」とあるところがその契約の内容です。人びとの結婚生活は、この契約が当事者によって守られることによって保たれ、維持され、豊かになると教会は考えています。

このように結婚のみならず、すべてが契約によるというのがキリスト教の基本的な姿勢と言えるのです。教会においてなぜこれを行うのか、という質問があったとすれば、ほとんどすべてにわたって、「契約をしたから」という答えになるはずです。

聖婚式では指輪を用いる

教会の結婚式では、外に見えるしるしの一つとして指輪(どれい)が用いられます。一体どこからこのような習慣が起こったのでしょうか。それは装飾のためではありません。また、結婚していることを示す単なるシンボルでもありません。実は指輪はごく古い時代から用いられていました。

キリスト教が発展した初代教会の占めていた地域はローマ帝国でした。ローマ帝国は巨大な奴隷(どれい)帝国と呼ば

れています。奴隷が存在したことによって、ローマ帝国の事業も可能になったと言われるほどです。実際、ローマ皇帝の家庭教師たちはほとんど全員が皇帝の奴隷だったと言われています。

当時の奴隷は私たちが考えるような悲惨な境遇にあったというわけでもなかったようです。かつて日本にもあったような年期奉公程度と考えるとよいでしょう。しかし、奴隷は奴隷でした。売り買いの対象になりました。奴隷を買った主人は、自分の家の家紋を刻み込んだ、鉄や鉛の指輪をはめさせて、その奴隷が誰に所属するかを明らかにしました。ですから指輪は奴隷の所属を示すしるしだったのです。

夫婦の間では、互いに誰の夫であり妻であるかを示していると理解できます。そのよう教会の指導者たちは、キリスト教の結婚の意義を表すしるしとして、奴隷の指輪に着目したのです。互いに所属し合う関係を指輪によって表現しようとしました。そこで、教会で結婚をする人びとに、契約・手を取り合うということと共に、指輪によって夫と妻の密接な関係を示すことになりました。

指輪は薬指にはめます。奴隷もそうでした。薬指は労働に邪魔にならない指だったからです。この意味は忘れられていますが、現在でも名残りとして、結婚指輪といえば何も装飾のないプレインなデザインのものが用いられます。また、相手の名前を刻み込んだり、結婚式の日付を入れたりしていますが、これも当時奴隷の主人が家紋を刻み込んだということから起こったのです。

個人懺悔

　神に向かう方向を間違えたり、せっかく乗せられた救いの道から転落したりするのは、私たち人間にとってむしろ日常のことかもしれません。私たちは、「いつも目を覚ましていなさい」(マタイによる福音書 第24章42節, 26章38節、マルコによる福音書 第13章33節, 14章38節、ルカによる福音書 第21章36節他) という主イエスのみ言葉を記憶していなければなりません。

　み言葉を記憶すると同時に、私たちは、間違ったり転落したりする私たち自身に注目し、その事実に直面し、認めることを避けてはなりません。そのような自らの姿をしっかりと見据えることが、この個人懺悔です。

　かつては、教会の牧師によって個人懺悔は一人ひとりに義務として行うように指示された時代もありました。私たちの教会では、個人懺悔を行うことを信徒一人ひとりの自覚と決心に任すように定めました。問題を自己の責任とする、というのがその趣旨だからです。

　個人懺悔を行う信徒は、自分が選んだ司祭・主教にお願いして、自分の信仰生活に現れた誤りを直接具体的に聞いていただきます。そして、二度と繰り返さないという決心をはっきりと述べて、司祭・主教から償いの業の指示をいただきます。方向転換 (p.50～) と自己理解、そして自己を直接見つめる重要な契機になるはずです。

　義務として指示されませんから、必ずしも全部の信徒が実行しているとは言えませんが、これは、私たちにとって大切なキリスト教の伝統として長く保持していくべきものと考えられています。

　個人懺悔を個人の業と考えては誤りと思います。個人

懺悔を必要とする状況というのは実は、神の共同体の問題でもあるのです。共同体の一員である私たち信徒の誤りは、決して個人に止まらず、共同体という全体の一体性を損なうことになるからです。個人懺悔を司祭・主教が聞くのは、決して個人的に行うのではありません。教会を代表して行うのです。その意味で個人懺悔は教会という共同体の共同の業の一つと捉えるべきでしょう。

ここで日本聖公会祈祷書をご覧ください。p.295 以下に「懺悔の式」が置かれています。一部が「共同懺悔」、二部が「個人懺悔」です。私たちは懺悔の際にこの式文を用います。ことに「個人懺悔」のルブリックをよく読んでください。そこには懺悔をする者と同時に、懺悔を聞く司祭・主教の心得も述べられています。

教会には共同の懺悔のほか、司祭の奉仕の務めを通して、信徒が個人的に懺悔し、神の赦しにあずかる道が備えられている。個人懺悔を望む信徒は牧師またはほかの司祭のもとに行き、次の方法によって、これを行うことができる。(祈祷書 p.298)

懺悔を聞いた司祭・主教はその内容を決して漏らしてはなりません。これを、封をするという意味で「シール」すると言います。どのように重大な内容が懺悔として語られても、懺悔をした本人も聞いた聖職も、他の誰にも漏らさないのです。教会の慣行として最も重要で尊いものの一つでしょう。懺悔の内容は、神のみが聞くべきこと、赦しは神のみによって行われるという主イエスのみ言葉を思い起こします。

病人の按手と塗油

病気になった信徒は、その旨を教会の牧師に知らせなければなりません。これは信徒の義務と考えていただきたい問題です。

病気は個人に起こる問題です。それが個人的であればあるほど、病気と孤独はいつも手をつないでいます。病気での不安や焦り、怒りや寂しさは病気の特徴と言ってよいでしょう。時には私たちが神から忘れられたのではないかとさえ思うほどです。病気は多くの場合、信仰の危機であることもあります。

教会はこのような事情を良く知っています。そこで病気の知らせを受けるとすぐに、牧師は病人の訪問をするのが大切な務めとなっています。単なるお見舞いではありません。牧師は教会を代表して、病気の方が決して孤独ではないこと、病気がその方の個人の問題ではなく、教会全体が関わるべき共同の問題であることを知らせるのです。牧師の祈りは教会の信徒全体の祈りであり、按手や塗油は神が常にその方を見守ってくださることのしるしなのです。

多くの場合、牧師は聖餐具を持参して共に陪餐し、病気が教会共同体の問題であり、神の恵みが特に必要な場合であることを明らかにします。このようにして神が信徒一人ひとりと常に共におられるという信仰を示すのです。聖奠的な典礼の中でも重要で温かい典礼と言えましょう。

塗油はよく死の準備のように受け取る方がありますが、これは全くの誤りです。塗油に用いられるオリーブ油は初代教会の時代、地中海世界ではほとんど万能薬と

考えられていました。ですからオリーブ油は病気の癒しにとって必需品だったのです。教会はこの時代からオリーブ油を用いて病人の癒しを祈っていたのです（ヤコブの手紙 第5章13節）。

　塗油の典礼は、教会の歴史を通して神の癒しの業を示す大切な慣行になりました。死の準備ではなく、神の癒しの業であることを強調したいと思います。

28 問　神の民とは何ですか

答　キリストとその教会を表す信徒と聖職です

29 問　信徒とは何ですか

答　キリストとその教会を表し、どこにいてもキリストを証しし、与えられた賜物によって、この世でキリストの和解の業を遂行し、教会の生活と礼拝との運営に責任を負う者です

キリストとその教会を表す

「表す」とは文字通り「表現する」という意味です。キリストと教会をこの世に対して「目に見えるものとする」ということです。キリストと教会の働きをこの世において具現すると言うべきでしょう。この世の人びとがその働きに直接触れることができるようにする、という意味があることは明らかです。

信徒と聖職は、与えられた使命を果たすことによって具体的な働きを示す人びとなのです。毎日の日常においても、特別な時でも、時と所に限られずに常にその働きへの強い意識を持っている必要があります。

キリストとその教会の働きを一言で言うならば、それはこの世に対する神の愛の恵みの業と言えるでしょう。しかし、神の愛の恵みの業は私たちの生活のさまざまな領域に無数に現れていると言うべきでしょう。この世界

は神の創造物、神のものだからです。

　私たちはあらゆる状況にあって、神の意思、主イエスのみ心が、何を命じておられるのか、私たちは感性を研ぎ澄まして準備していなければなりません。「いつも目を覚ましていなさい」(マタイによる福音書 第24章42節、第16章13節、マルコによる福音書 第13章33節、35節 他)という有名なご命令は、決して何か特別なことを実行するようにという意味ではなく、全く日常的なご命令でもあるのです。

　一つの基準とも言える、私たちの準備を考えましょう。それは、私たちが、人びとの生活の上でどのような時に必要とされるかという問題です。私たち人間は互いに互いを必要として生きています。私たちが誰かを必要として助けを求めることもあるでしょう。また、多くの人びとは、それと同じように私たちの助けや協力を必要としているのです。互いに必要とする人びとの中で私たちの生活は送られているのです。ですから、私たちを必要とする人びとの必要に気づくことが大切ですが、気づいた時には、私たちはそれに応えたいのです。

　どのようにしたら気づくことができるでしょうか。そこで、私たちは目を覚ましていたいのです。

　私たちは、私たちの周辺にたくさんあるさまざまな必要に気づかなかったり、見過ごしたり、見落としたりすることがどんなに多いか、理解していないようです。私たちは多くの人びとの必要に応えるたくさんの機会を捉え損なっているようです。

　主イエスはその必要を見逃すことはありませんでした。福音書の中に見える奇跡の物語は、主イエスが人びとの必要に応えられた物語でもあります。もし、私たち

28 問 神の民／29 問 信徒

に主イエスのなさった行為の一端でも行うことができれば、それこそがキリストをこの世に表すことになるでしょう。

まず身近な所から始めて、私たちの周囲を見回してみましょう。必ず私たちを必要とする人びとを発見することができるはずです。信徒も聖職も共に、そのような必要を発見する人、指摘する人、実行に移す人、などのさまざまな役割を分担しながら、共同でこの「キリストとその教会を表す」働きの実行者となりましょう。

信徒

29の問答の答は、真剣に取り上げると随分内容が豊富で多岐にわたり、しかも大変重要な事柄が列挙されているのに気付きます。具体的な状況はそれぞれの人によって異なります。ここでは原理的な箇条を挙げていると考えましょう。このような信徒の「務め」の一番大切な部分は、日本聖公会祈祷書のp.160にある、聖餐式のルブリックをご参照ください。ルブリックという語については、コラム4（p.254〜）で述べたいと思います。

ここでは、「信徒であること」について、誤解を恐れずに述べておきたいことがあります。教会は信徒と聖職によって構成されているといいます。神学的な説明についてはすでに前の方（問1, p.23〜他）でも述べています。

ここで申し上げたいのは、むしろ社会学的といってよいことかもしれません。というのは、「教会は任意団体である」という指摘です。誤解が起こるかもしれませんが、私たちが教会のさまざまな働きを考える時、この問題を避けるわけにはいかないと思います。

教会は任意団体

任意団体といいますのは、その団体は構成メンバーの自由意思によって成立しているという意味です。構成メンバーは、その団体に加入するのも脱退するのも自由です。その人の自由な意思によるのです。

よく考えてみると、キリストの教会も基本的にこのようにして人びとの自由意思によって構成されています。実際、誰も信徒になることをその意思に反して強制されることはありません。また、教会での行動においても、例えば主日礼拝に、時には出席しなくても、あるいは献金をしなくても、なんの罰則もありません。

さらに、信仰を捨てることも自由です。私たちから申しますならば、その理由はともかく、信仰を捨てるというのは随分過激な表現でしょうが、そのような例が全くないわけではありません。つまり教会をやめる人びとのことです。それもその人の自由な意思によっているのです。

神は、その創造のみ業(わざ)において、すでにこの自由意思を人間に与えておられます。この問題は私たちが私たちの信仰を考える上で極めて重要です。信仰は、神の導きによって私たちに及ぶのですが、これに「イエス」というか「ノー」というかは、私たちの問題であると言っているのです。神の呼びかけはすでになされた、これに応えるかどうかは私たち人間の責任だと言えるでしょう。

ここで、私たちは自由だから、教会の問題も私たちが自由に考えていればよいのだ、というつもりは全くありません。私たちの都合でどうにでもなるのだということではもちろんありません。自由という言葉の意味の問題でもありましょうが、自由気ままに自由勝手にしてよい

ということでは決してありません。

むしろ強調したい重要な問題は、教会を成り立たせているのは、神の業であると同時に、私たちの信仰であり、自由意思であるという問題です。

キリストとその教会を表す、という目に見える行為は、私たちの自由意思に基づく信仰に拠っているという事実が、私たちにとって重要なのです。

聖パウロは彼の手紙の中で、「キリストは頭、教会はその体」（エフェソの信徒への手紙 第1章23節）という比喩を述べました。教会は目に見えるしるしとして、この世において主イエス・キリストの働きを継続するのだということです。この働きの継続こそが、私たちの自由意思に掛かっているのです。これがここで強調したいことなのです。

自由意志による選択

私たちはいつでも、二つの相反する事柄を選択、選んでいます。私たちの人生、生涯は絶え間ない選択の連続です。するかしないか、行くか行かないか、取るか取らないか、事柄が何であれ二つの事柄から選びます。

選ぶというのが、まさに、自由意思の問題なのです。神の呼びかけに応えるか応えないか、与えられた信仰を引き受けるか引き受けないか、礼拝に参加するかしないか、献金をするかしないか、献金額を自ら決めるか決めないか、教会の活動に参加するかしないか、キリストとその教会は私たちにそのどちらを選ぶかを強制しません。罰則もありません。すべては私たちの自由意思に掛かっています。

29の問答の答が示していることのすべてがそうなの

です。「責任を負う」とありますが、これは強制的な責任を言っていません。私たちの自由意思について述べているのです。

責任とは英語的な表現で述べるとすれば、「答える能力」「応答の能力」ということです。責任を果たすというのは、私たちの自由意志によって、言葉と行動で状況に向かって真摯(しんし)に答えることを意味しているといって誤りではないと思います。

私たちの自由意思によって教会は成り立つ、というのは、こういう意味です。もし、私たちが教会の礼拝に参加しなかったとしましょう。それは私たちの自由意思の問題です。しかし、もし、参加者がなかったなら、礼拝は成り立ちません。献金がなかったなら、教会の運営は成り立ちません。もし信徒がいなかったなら、聖職もいなくなります。聖職は信徒から生まれてくるからです。

「キリストの体」が消滅するのです。私たちの自由意思で。ですから、教会は私たちの自由意思で成り立つような任意団体だと言うのです。この点を慎重にお考えください。私たちの背負うべき責任の重大さを感じ取ってください。理解してください。

信徒の心得

古くから聖公会の教えとして語り継がれてきた「信徒の心得(こころえ)」について言及しておきたいと思います。この心得はかつて「聖公会の訓則」と言われたものです。最近、これについて語る人びとはいなくなったようですが、内容には見るべきものがあると考え、ここに付け加えておきたいのです。

一、毎日、規則的に聖書の一節を読みましょう。

　聖書に触れることはクリスチャンにとって極めて重要です。神学的にどうこうではなく、私たちにとっては、聖書は永遠の神のみ言葉です。

　永遠というのはすでに述べましたように、常に現在(p.133)の自分と結びつく事柄ですから、聖書が永遠の書物であると言うなら、毎日の私たちの生活においても必要であると言わなければなりません。

　実際に実行してくだされればお分かりになると思いますが、私たちはごく短い聖書のみ言葉の中に、私たちが今必要としていることが必ず発見できるのです。それは驚くべきものです。

　聖書を順序正しく読む必要はありません。どこでもその時にふと開いた場所に、私たちに語りかけてくださる神のみ言葉が必ずあります。

二、毎日、規則的に祈りましょう。

　祈りは前に述べたように、神との語り合いであり、私たち自身の決心を述べるものです。毎日、祈りをすることによって、私たちは日々の生活での神に向かう私たち自身の方向性を確認するのです。

　私たちの日常を振り返ってみると、「なすべきことが行われず、なすべからざることが行われる」自分を発見します（日本聖公会祈祷書 p.36「懺悔(ざんげ)の祈り」参照）。実は、このような自分を祈りの中で発見するのです。主の祈りを一度唱えるだけでも結構です。毎日の祈りを熱心にいたしましょう。

三、主日の礼拝、ユーカリスト（聖餐式）に規則的に参加しましょう。

　主日の意味については教会暦についての付録（祈祷書巻頭）をご参照ください。ここでは主イエス・キリストのご復活を毎週記念する主日のユーカリスト（聖餐式）は、私たちにとって最も重要な集まりの機会であることだけを強調しておきたいと思います。

　ユーカリスト（聖餐式）の意味、私たちの信仰生活におけるその意義は、語っても語っても足りないほど重要です。

　現在の社会生活では毎週の主日ユーカリスト（聖餐式）に参加することは難しいかもしれません。しかし、私たちの自由意思において、自分の規則を決められるようにお勧めします。ご自分で決めた規則をご自分で守るのです。その実行によって私たちは確かに、絶えず主イエス・キリストの食事によって力強く養われるでしょう。また、人びととの共同の働きに十分に参加できるでしょう。

四、献金を熱心に致しましょう。

　献金は、最も古代から、神と人間の親しい交わりのしるしでした。献金、あるいは献げ物を通して、人びとは神との感謝の交わりが確かめられることを知っていました。

　献金の意味は、古代から全く変わらずに現在にも伝えられています。献金は私たちが神に向けて表す感謝のしるしです。決してこれから何かしてほしいというので予めする前払いのようなものではありません。神はすでに多くの恵みを私たちに与えてくださっているのです。現在、私たちがこのようにこの世で生活をしていること自

体が神の恵みそのものなのです。

　言葉は適当ではありませんが、私たちのする献金はいわば後払いなのです。これだけ献金したからこうしてください、といった、私たちの願いが叶えられるようにする「要求」の業(わざ)ではありません。すでにいただいてしまったものへの感謝です。

　献金されたものは、教会のあらゆる働きの源泉になります。信徒は「教会の運営」に責任があるとありますが、私たちは献金によって、教会の働きに必要な物質的な部分の運営に直接参加するのです。もちろん、教会の経常費や維持費だけを考えていてはなりません。教会はこの世の人びとのために「足を洗う」(p.157)働きをも実行しているのです。このような奉仕の業への参加を忘れてはならないと思います。

　私たちの個教会では普通、月約献金、信施(しんせ)、記念献金、さまざまな機会に対する感謝献金などが行われています。これらはすべて、神が私たちのためにしてくださった出来事の確認と感謝の業(わざ)です。

　教会は任意団体ですから、献金額は決して指定されません。また、他の人びとの献金額を参考にするような自発性に欠けた献金もありません。自分で決めて自分で行うのです。私の感謝のしるしであることを忘れないようにしましょう。

五、悔(く)い改めの業を実行しましょう。

　聖奠(せいてん)について述べた中で、個人懺悔(ざんげ)の問題を取り上げました。問26〜27、p.165を参照してください。

　このような心得は、かつては信徒個人個人の修養の問

題と捉えられていたようです。しかし、心得は個人の問題を取り扱っているだけではありません。なぜなら、すべては教会という人びととの共同体の中の問題であり、さらにはこの世との関係において初めて理解され、実行され得る事柄だからです。

30 問 聖職とは何ですか

答 キリストとその教会を表し、信徒と共にみ言葉を宣べ伝え、み業を証しし、聖奠を行い、神の民を整えて奉仕の業をさせるために、キリストによって建てられた者で、使徒時代から教会が受け継いできた主教、司祭、執事を言います

31 問 聖職になるのはだれですか

答 信徒の中から聖職として召され、その務めを行うために、聖職按手を受ける人です

聖職・Holy Order

聖職という言葉はすでに定着しておりますが、実はここに英語を付けておいたのには意味があります。「ホーリー・オーダー」とあります。オーダーとは順序とか秩序を表す言葉です。つまり聖職は主イエス・キリストの体である教会の秩序に責任があるということです。

確かに一つの職務であることは疑いありませんが、教会という共同体にはやはり秩序が必要です。聖職者はその秩序立てに責任を持っているということになります。同時に聖職者たちの存在そのものによって、キリスト教会の秩序が表現されていると理解されています。

ことに、初代教会においてクリスチャン共同体の主たる問題は、ユーカリスト（聖餐式）の実践でした。この

ユーカリスト（聖餐式）というクリスチャンの集会を整備していくことは、聖職の任務の中で最も重要な問題と考えられていました。

　聖パウロがコリントの教会に対して、ユーカリスト（聖餐式）の実践について詳細にわたって教えているのは、この責任性のゆえなのです。コリントの信徒への手紙一の 第10章以下を参照してください。ここではコリントの教会の特殊事情についての記述が多く含まれていますが、秩序を保つ責任を果たそうとする聖パウロの熱心がうかがえる、現在でも意味深いところです。

　そのように聖職につく者は、教会が神の意思に従って、正しくその責任を果たしていくために必要な秩序を保つ者なのです。そのためには必要な職務を行うことになります。「神の民を整えて」といっているのはその意味です。「オーダー」はまず聖職者の基本的なあり方を示す重要な規定と言ってよいでしょう。

　聖職者に固有の責任と権威は、「キリストによって建てられ」たものであると言っています。すべての責任と権威の所在と根拠は主イエス・キリストにあるとされています。この宣言は重要でしょう。

　聖職者は主イエス・キリストによって「召され、試みられ、そして主イエス・キリストと教会の祝福を得て建てられる者」であるということです。ですから、聖職とは、なりたいからなったと言えるような問題ではありません。人の思いをはるかに越えた大きな力の働きを感じます。この働きを召命といいます。人はこの召命を受け、そして感じ取るところから、初めて聖職への道を進むことができると信じます。

人の業・神の業

　この聖職についての理解をさらに強調したいと思います。聖職者の務めとは、その本質は、人の業ではなく神の業であるという点です。信経が宣言しているように、世界は神の業の結果であり、神の出来事です。私たちが日々目にし、感じ、体験するすべては、神の出来事、神の業に他なりません。この世界に生起するすべがそうであれば、教会はそれらの出来事に深い関心を持つはずです。そして、聖職者たちは、まさにそこにこそ、聖職者の務めの場があると言うべきでしょう。

　従って、聖職はまず直接的に主イエス・キリストに対して責任を負います。一般社会では上司などのような人びとに対して責任があるという言い方をしますが、教会の聖職者は目に見えない主イエス・キリストご自身に対して責任を負うという意味で、一般社会の人びとよりさらに重いものを背負うことになります。

　ことに、聖職が主イエス・キリストに責任を負うというとき、それはまさに主イエス・キリストの体としての教会への責任ということであり、さらにその責任は教会の建てられている目的とその働きの遂行への責任であるのです。ですから、聖職者は自己の生活のすべての領域において、主イエス・キリストとその体である教会の存在理由を担い、かつ表現する責任を負っていると言わなければなりません。これが聖職の職務なのです。

　もちろん、信徒にその職務への参与はないと言っているのではありません。聖職はそのような信徒の協力によってはじめて固有の職務を行うことができるのを忘れてはなりません。ここに秩序の持つ意味が明らかになる

でしょう。教会全体が明確な目的に向かって働くときに、その一体性と協働という秩序があるはずだからです。聖職者はその中心的な立場に立たされていると言うべきでしょう。

聖職には権威があるとよく言われますが、その権威は聖職者個人に与えられるものではありません。聖職が聖職の行うべき職務を行うことについて、その職務が主イエス・キリストのご命令によるということが教会全体の共通の理解を得た時に初めて「権威」の執行となるわけです。聖職者個人にはそのような権威はありません。それは主イエス・キリストご自身の権威に他なりません。その職務の中心に秩序を整える働きがあるのです。

聖職者は「オーダーを表す者」として召されます。従って、聖職者は仕える者の取るべき秩序を自ら表現しなければなりません。信徒との相違点はここにあります。信徒は自由意思によって、自らの責任においてなすべきことを選び実行します。聖職者は協力者としての信徒たちのすべての活動、礼拝、宣教、奉仕の業(わざ)に最終責任を負います。聖職者が信徒の活動に責任を負うことによって信徒の自由を保証するのです。何が起ころうと教会において起こる諸問題の責任は聖職者にあることを強調しておきたいと思います。

従って、聖職者一人ひとりは後に述べる主教・司祭・執事という聖職位にある者として、自らの自由意思を信徒に奉仕する意味で自己制限しなければなりません。聖職という権威を振り回して、自分の恣意(しい)を主張するようなことがあっては、聖職としての責任を全(まっと)うすることは到底(とうてい)不可能でしょう。

主教

　教会の伝統において聖職には三つの職位があります。これから順次、主教、司祭、執事について述べていきたいと思います。まず、主教です。

　主イエス・キリストが昇天され（使徒言行録 第1章6〜10節）、使徒たちを中心として徐々にクリスチャンの共同体が形成されていきます。使徒たちはそれぞれ四方に散って福音の宣教に携わりますが、使徒たちによって形成されたクリスチャン共同体の指導は使徒たちの責任でした。特に使徒たちの中心的な責任は、み言葉を伝え、ユーカリスト（聖餐式）を主宰することでした。

　現在でいうところのユーカリスト（聖餐式）の司式者は、必ず使徒たちでなければなりませんでした。使徒たちこそが主イエス・キリストの地上でのご生涯を共にし、そのご受難の直接的な証人として、また最後の晩餐に実際に参加した者として、ユーカリスト（聖餐式）の司式者として最もふさわしい人びとだったからです。使徒言行録 第2章42節、46節にあるように、クリスチャン共同体は使徒たちを中心としてユーカリスト（聖餐式）を実践したのです。

　使徒たちが殉教によってこの世を去り、次の世代に移ると、使徒たちから選ばれて使徒たちの働きを引き継ぐ人びとが登場します。使徒たちはこの自ら選んだ人びとに、手をおいて自分の職務の執行を引き継ぎます。このように手をおくことを按手（用語解説p.318参照）といいます。

　選ばれた人びとは使徒たちの按手によって、使徒たちが担っていた責任と権威を受け継ぐ、すなわち継承します。このことを現在では「使徒継承」と言っています。

使徒継承の中心は、使徒たちが担ってきたユーカリスト（聖餐式）の実践です。ユーカリスト（聖餐式）の司式者としての責任と権威の継承です。使徒継承とはまず、ユーカリスト（聖餐式）の主宰者となることといってよいでしょう。

　主教を指して、ギリシャ語ではエピスコポスといいます。エピスコポスとは直訳をすると「全体を見渡す人」ということになります。主教はまずユーカリスト（聖餐式）においてその執行の最高責任者であり、そこに集まるすべてのクリスチャンたちに配慮するという意味です。

　後に教会の行政区分として教区という制度ができますが、全体を見渡すという意味でいいますと、主教は教区全体を見渡す働きを持っているということになります。日本聖公会でもかつては、職位としてのエピスコポスを「監督」と訳し用いていた時代がありました。これはギリシャ語の直訳といってよいでしょう。まさに主教は全体を、特にユーカリスト（聖餐式）と人びとの信仰生活を監督する責任を持っていたのです。

　使徒たちから引き継ぐ責任を担う人びとが、このように主教と呼ばれるようになりました。使徒たちの責任と権威を引き継ぐ者ということから、主教は「使徒継承権」を持っているといいます。

　教会が主イエス・キリスト、そして使徒たちから絶えることなくその働きを継続していることを、「使徒たちよりの」と使徒信経やニケヤ信経で信仰告白をします。この「使徒たちよりの」とは、使徒たちから現在に至るまで直接結びついている継承権を持つ主教によって目に見えるものとされていることを表します。

主教は、私たちの教会が主イエス・キリストと直接つながっていることを示す重要な職位です。主教がなければ、教会は主イエス・キリストとの結びつきを示すしるしを失います。そのしるしは、ユーカリスト（聖餐式）の司式者としての主教の在り方によって最も明確に示されることを確認したいと思います。

　教会の長い歴史を通して、主教の在り方には多くの変化がありました。例えば、教会行政の責任者・権威者、あるいは信仰の擁護者などです。しかし、最も中心的な、ユーカリスト（聖餐式）の主宰者としての使徒継承の問題は決して変化していません。

　言いかえれば、主教に与えられるあらゆるタイトルは、ユーカリスト（聖餐式）の主宰者にこそ与えられるべきものと言うべきでしょう。実はその故にこそ、主教職に与えられている多くの称号は、ユーカリスト（聖餐式）の主宰者に与えられるべきものなのです。

　主教は選ばれた者です。新約聖書時代には、イスカリオテのユダが脱落したのちに、残った11人の使徒たちは、多くの弟子たちにくじを引かせてマッテヤを選びました。使徒言行録 第1章21節から26節にその記録があります。これを見ますと、使徒たちは神によって選ばれた人びとと言うことができます。

　使徒たちを継承する現在の主教たちもまた選ばれた人びとです。現在では教区という教会行政区分が、その総会で選挙するという形をとります。選ばれるという原則はこのようにして継承されているのです。選ばれた主教は、教会の行政区分である教区に対して責任を持ちます。

　ユーカリスト（聖餐式）の主司式者が一人であるよう

に、教区主教も教区に一人というのが定められたことです。時には補佐主教などのような制度もありますが、教区主教はただ一人です。これは主イエス・キリストがただお一人であることのしるしでもあります。

司祭

現在の司祭に当たる人びとは、新約聖書ではギリシャ語で「プレスビュテロス」と呼ばれています。直訳をすれば「長老」となるでしょう。新約聖書時代の長老が現在の司祭と全く同じものというわけにはいきません。現在の司祭に至るまでには歴史上さまざまな変化があったことは主教の場合と同じです。

当時、プレスビュテロスは使徒たちのそばにいて使徒たちの働きを補助する役割を持っていたようです。時には使徒たちからの委任を受けて病人を訪問するような働きに従事していました。使徒ヤコブはここで、病人のためには長老を招いて祈ってもらうように勧めています。明らかに使徒は長老をこのような形で派遣していたと思われます（ヤコブの手紙 第5章14節）。

教会が地中海世界に広がり発展していくにつれて、クリスチャンも次第に増加していきました。使徒の時代が終わり、次の2、3世代に移ると、宣教の働きも発展しクリスチャンの数も増加していきます。教会の活動の範囲も広がります。

ユーカリスト（聖餐式）の司式者である一人の主教では、地方に散在するクリスチャンのためのユーカリスト（聖餐式）の集会は、実際的な状況によって不可能となりました。主教はヤコブの手紙にあるような委任を、ユー

カリスト(聖餐式)にまで拡大せざるを得なくなります。

　主教は司祭たち(長老たち)の中から信頼できる人びとを選んで、一定の地域、都市、村などに派遣します。そしてユーカリスト(聖餐式)の執行を委任するのです。

　このような働きに最も適していたと思われる人びととは、後に出てくる執事たちであったでしょう。そこで主教は、執事たちの中から司祭・長老にふさわしい人びとをその職位に任命して、派遣したのでした。もちろん、すでに共に働いていた多くの司祭たち、長老たちの中から選ぶことも当然あったことでしょう。

　このように任命され派遣された司祭・長老は、主教の任命によってその責任と権威を託されるのですから、主教の意図によって行動したことは疑いありません。その意味で、司祭は主教の、ことに教区主教の分身というべきでしょう。教区主教から離れて、あるいは教区主教から独立して司祭は存在できないのです。司祭はその責任も権威もすべてを教区主教に依存しています。

　現在でも司祭たちは教区主教によって按手(あんしゅ)されます。そして個教会に派遣されるのです。このように、司祭の職務は全く主教に依存しているのですが、このことは同時に、主教職に司祭職が固有のものとして含まれていることを示します。主教は主教であると同時に、ただその一つの職位を持っているだけではなく、司祭職もその内に持っているのです。

　司祭は教区主教によって個教会に派遣されます。派遣された時、その司祭は牧師という職名を取ります。これは個教会の責任者という意味です。聖職者の意味ではありません。司祭であっても教会の責任者でない人を牧師

とは呼びません。ですから牧師と呼ばれている人は特に教区主教との深い依存関係にあり、任命され派遣されたという事実から、教区主教とより一体性を自覚すべき人びとなのです。

同時に、最終的には教区主教の責任である個教会の諸問題に対して、教区主教の派遣によって生じる責任を牧師自身のものとして担うことが大切な問題と言えましょう。牧師は教区主教との間に緊密な連絡と密接な関係を持つ努力を怠ってはなりません。自分の派遣の事実はこのような関係においてのみ具体化し、実際の意味を持つことができるからです。司祭は主教から独立しているのではないことをもう一度強調しておきたいと思います。

牧師・管理牧師（日本聖公会では）

さらに、牧師の職務について少し述べておきたいと思います。牧師とは教区主教によって任命された、一個教会の責任者を指します。個教会の責任を外れると牧師ではなくなります。日本聖公会では、法規によって教区主教に人事権があり、牧師の任命は教区主教の専管事項となっています。

この法規の規定は、実は宣教主教（外国人）の時代からの慣習です。日本聖公会が未だ宣教師によって指導されていた第二次世界大戦前には、日本聖公会の各教会の実質的な力は少なく、ほとんどすべての財政問題は宣教師を送り出してくれた母教会の宣教協会の責任となっていました。

宣教主教は自らの責任として、教会の財政、一般会計、特別会計、聖堂の建築など、ほとんどすべての面にわたっ

て責任を取らなければなりませんでした。もちろん聖職の人事においてもです。ですから、第二次大戦後もしばらく各宣教協会の責任範囲によって、日本聖公会の各教区の動きは影響を受けていました。このような事情が現在の日本聖公会法規にも影響を持っているのです。

宣教主教がしていたように、司祭を牧師として任命する人事はやはり教区主教の責任とされ、個教会の財政に応じて当該教会と協議したのちに人事を執行するわけです。個教会の希望を述べることは可能ですが、それによって人事が左右されることにはなりません。

牧師・管理牧師（英米聖公会では）

宣教師を送って日本聖公会を生み出した英米の聖公会では、教区主教は必ずしも司祭・牧師の人事権を持っているわけではありません。英米の間でも状況の相違はありますが、牧師と教区主教の関係という意味では日本聖公会とは大きく異なっています。

というのは、牧師は個教会の招きによっています。特に米国では、個教会の教会委員会が牧師の人事権を持っています。従って個教会は、牧師の生活や待遇に全責任を負うことになります。

個教会は当該牧師との間に契約を結び、双方がその契約を履行（りこう）することを約束することによってその牧師の就任が決定されるのです。聖職の側で招きを拒否する場合もあります。教区主教はこの招きを承認し、契約に立ち会う形で牧師の就任式を主宰するのです。そこにおいて教区主教は、その司祭を派遣するという本来の関係を維持しているのです。

日本聖公会も宣教時代を脱却して、個教会の基本的な目的達成を視野に入れ、そのために必要な人材を求めるという意味での招聘(しょうへい)制度を考えてみることは無駄ではないように思われます。

牧師と副牧師

　個教会の責任者である牧師の下にあって、牧師の指導と指示によって勤務する司祭を副牧師と言います。牧師が教区主教の下にあって、その指導と指示によって勤務するのと同様に、副牧師は教区主教の委任を受けて、個教会に勤務する牧師の下に勤務するのです。

　牧師・司祭が教区主教の分身であるとするなら、副牧師は牧師の分身となるのです。これは階級制度を意味していません。聖職としての職務を遂行する上での、聖職団の一体性を確立するためです。一教区の一体性はこのようにして保持されます。

　管理牧師によって指導される個教会の事情も全く同じです。管理牧師とは、他に牧師として勤務する個教会を持ちながら、さらにもう一つの個教会の責任を取ることを意味します。従ってその司祭は二つの個教会の牧師ということになります。人事の狭間(はざま)や聖職が不足している状況では、このような事態も不思議ではありません。

　管理牧師の下にいる司祭や執事は、その司祭が管理牧師であるからといって、その指導や指示を無視するわけにはいきません。管理牧師であっても、教区主教の委任を受けた牧師であることに変わりはないからです。

司祭団

　司祭職は、ただ主教によって委任された務めを果たすだけの職務ではありません。司祭たちは主教と共にユーカリスト（聖餐式(せいさんしき)）の主宰に参加します。それは礼拝を一緒にするということ以上の重要な意味を持っています。聖餐式を実行することの目的、意図、聖餐式の会議性(p.292)への参加、決定に対する共同責任、決定を実行する上での実行者、などの責任を、主教と共に担うのです。

　そのためには、主教は司祭たちを自分の働きの協働者として理解していなければなりません。それは同時に、司祭たちを聖餐式の会議性においての協働者であることを認識しているべきであるという意味です。

　主教は常に司祭団との協議に務めなければなりません。このことが、日本聖公会における常置委員会制度に反映されています。常置委員会は教区会によって選挙されます。当然ですが、常置委員会が教区全体の代表者であることが判ります。司祭はこのように自分たちの代表を選ぶことによって、主教との協働を表現しているのです。

　重ねて申しますが、執事はこの協議のために必要な資料を提供する重要な使命を帯びています。主教と司祭団は、執事からの指摘を尊重し、現時点での教会のなすべき務めを明確にし、教会の取り組みとその方向を指示するのです。教会の方向性はこのようにして、執事たちの働きに依存していることをあらためて認識したいと思います。

　現状では、このような働きの大きな部分に信徒の働き

が深く関与していることに気付くでしょう。主教と司祭団は絶え間なく、信徒と執事からの情報や忠告に注意深く目と耳を開いていなくてはなりません。

執事

「執事」は、ギリシャ語では「ディアコノス」といいます。「奉仕する者、仕える者」という意味です。文字通りこの職務は、神と人びとに仕える教会の働きを最も端的に表す職位と言えるでしょう。使徒言行録 第6章1節から6節までに、この職位が誕生する事情が述べられています。ここでは食料の配給の問題が起こったとあります。そこで使徒たちは、これまで彼らが行っていた仕事を他の人びとに任せて、使徒としての固有の働き、み言葉とユーカリスト（聖餐式）に専心することにしました。これが執事誕生の事情です。

実は使徒たちという人びとを除くと、教会の聖職としての働きが具体的に現れたのは執事が最初であったと言ってよいのです。長老・司祭が具体的な働きを始める前に、この執事誕生が起こりました。しかも興味深いことは、食料の配給という具体的で実際的な理由で誕生したのです。

クリスチャンの共同体は、ある原理があって始まったのではありません。常に何か実際的な事情があって初めて事が始まります。ことに、ユーカリスト（聖餐式）を主イエス・キリストが最後の晩餐で命じられたように行うために必要な実際的な条件から起こるのです。キリスト教のすべての動きに、この状況がはっきり見られます。

さて、ことは食料の配給という実際的な問題から始ま

りました。ここで注意しておかなければならないことは、食料の配給というのは、私たちが知っているような単なる行政的な問題ではないということです。実は、配給されるはずの食料というのは、ユーカリスト（聖餐式）からの、現在で言うところの祭壇から下りてきた物ということなのです。

　ユーカリスト（聖餐式）において、クリスチャンは供え物を捧げます。現在は貨幣経済の時代ですから、供え物は貨幣、つまりお金ということになります。ところが初代教会では未だ十分に貨幣が一般的ではありません。もちろん貨幣も用いられていましたが、それ以上に一般の人びとは物々交換の時代に生きていたといっていいでしょう。ですからユーカリスト（聖餐式）での献げ物も、貨幣も確かにありましたが、さまざまな物も捧げられたのです。

　ユーカリスト（聖餐式）のパンやぶどう酒は教会が準備するものではありませんでした。人びとが捧げるものをそのまま用いたのです。

　現在、ユーカリスト（聖餐式）の奉献の時に、信徒の代表がパンとぶどう酒を献金と共にお捧げする教会が多くなりましたが、この典礼は、初代教会で行っていたことの復活と考えてよいでしょう。

　アフリカの奥地の田舎でクリスマスを祝ったことがありました。その時、信徒たちが捧げたバナナ、羊、鶏、豚、パン、ぶどう酒、ビール、卵、綿布、毛布、パパイヤ、マンゴー、皮のサンダル、ワイシャツ、ズボン、スカートなどが、祭壇の回りにうずたかく積み重ねられた情景を思い出します。

ユーカリスト（聖餐式）が終わると、村の人びとが奉献されたものをそれぞれ料理して、皆でクリスマスの食事を一緒にしました。また、いろいろ必要とする人びとにさまざまな物が分配されました。初代教会の情景を目の当たりにするようでした。

　このような献げ物が人びとに配給されたのです。使徒たちがこの配給という大仕事を誰かに任せたいと思ったのは当然であったでしょう。そこで執事が誕生しました。この時以来、執事の役割は次第に重要さを増すようになりました。そして教会の財政の責任を担うようにまでなりました。執事は主教に従って、主教の指示を受けてこのような教会の物質的な必要に携わったのです。

　歴史が下がってくると、執事の役割はさらに重要になりました。執事固有の責任として、まずユーカリスト（聖餐式）の実施・執行の準備をすることが挙げられます。これには、ユーカリスト（聖餐式）の場所の選定、後には建築の問題、ユーカリスト（聖餐式）の日時の設定、人びとへの通知、ユーカリスト（聖餐式）に必要な祭服の準備と制作、献げ物の整理・分配、また、ユーカリスト（聖餐式）に導き入れるための教育、信徒の状況の調査、病人や貧困者、生活困窮者などがあれば主教に報告すると同時に食料などの分配に従事するなど、おそらく当時最も多忙な職務をこなしていたのではないかと思います。

　これらはすべて教会の基本的な働きに関わることでした。この意味で執事は、教会の働きの最先端で活動していたと言ってよいでしょう。そしてこれらはすべて主教の働きそのものであったのです。なぜなら、執事は常に主教に具体的な報告をするなどして密接に連絡を行って

いたのです。時には主教の命令によってこのような働きを行いました。あくまでも執事の職務は、主教の職務を主教のために行っていたのです。そこで、執事は主教のために、司祭は主教と共に、という表現があります。

教会は執事の任務をさらに整備し、制度化していく過程で、大執事という職を生み出します。大執事は教区にあって、執事の職務を統括します。教区財政、教区聖職人事、教会の改廃、教会の建築、教会財産の管理などの実質的な働きを行います。

初代教会で当時のディアコノスたちが行っていたことは、教会の規模が大きくなれば形としては変化するでしょうが、内容的には変わりません。献げ物をどのように分配するか、ユーカリスト（聖餐式）の準備としてどのような物が必要か、そのためには聖職たちの祭服や祭具などをどのように調達するか、主教がユーカリスト（聖餐式）を行うために遠隔地に誰を送ったらよいか、何処にユーカリスト（聖餐式）の場所を設定するか、などは現在でも初代教会と同じように、教会にとって常に必要な要件です。

大執事がこのような責任を教区主教の下にあって実行することによって、教区主教は専ら主教としての働きに専念することができるのです。日本聖公会にはこの制度はありません。

よく、執事は聖餐式のできない人と言われますが、実はその責任は極めて重大なのです。むしろ執事がいないと正しく聖餐式を行うことができない、と言ってもよいでしょう。教会自身の問題、そして教会と社会の関係、社会への教会の奉仕、これらはすべて直接的には執事の

責任です。最終的な責任者である主教のために、執事はこの働きに励むのです。教会における執事の働きは、根本的に再検討されるべき問題だと思います。

教会の歴史の中で、ユーカリスト（聖餐式）を行うことがまず大切と強調され、司式することによって救われるという思いが強くなった結果、中世紀には、人びとは争って司祭を志願しました。この結果、執事は司祭になるための一段階であるという認識が一般的になってしまいました。執事の存在が軽視されるようになり、その働きも司祭たちが行うようになる一方、執事職の重要性は次第に軽視されるようになってしまいました。

実はそうではないのです、ということを皆さんにも知っていただいて、多くの方々に執事職への認識を新たにしていただきたいと思うのです。

執事職への認識ということで、改めて祈祷書の聖餐式文を参照していただきたいと思います。聖餐式の進行に、執事がその職務としてどのような役割をしているのかがよく分かります。「執事は言う」とか「執事または司祭は言う」という所を拾ってみてください。それぞれが執事の固有の職務を的確に現していることに気づきます。

執事の働き

① まず、福音書を読むのは執事の職務とされています。これは執事が福音宣教の先頭に立っていることを示します（日本聖公会祈祷書 p.166）。
② 代祷は執事の役目です。執事は教会が直面しているさまざまな社会的状況、信徒の置かれた状況、病人の有無、困難な状況にある信徒たちについて、信徒たち

が知っておくべき重要事項などを報告する職務を持っているからです。代祷はその報告の時であり、さらに信徒がなすべき働きを示唆する時でもあります。
③　懺悔(ざんげ)もその呼びかけは執事の役目です。問題の抽出(ちゅうしゅつ)とそれに対する教会の姿勢を整えるように指示するのです。教区主教の指示を受けて執事は教会の具体的な方針を示します。
④　奉献の呼びかけも執事の重要な役目です。執事は本来教会の財政の責任者であることはすでに申しました。奉献で捧(ささ)げられた献げ物を集め、分配するのは執事にとって最も基本的な職務です。執事は陪餐(ばいさん)の時に、分餐の役割を担いますが、これは献げ物の分配を行うという職務を最も端的に示しているでしょう。
⑤　執事はまた、聖餐式の最後に派遣と退出を全員に向かって呼びかけます。これは執事が聖餐式全体を仕切っていることを示しています。「さあ、ここで聖餐式は終了した。出掛けて行って神と人に仕えなさい」と言い、式の終わりと世界への出発を告げるのです。

このようにユーカリスト（聖餐式）という教会の中心的な集まりは、執事によって始められ、執事によって閉じられることが理解できるでしょう。これによって執事の本来の職務を理解してください。

三聖職位成立の順序

歴史的、時間的に聖職位誕生の順序を一応確かめておきましょう。まず使徒たちが主イエス・キリストによって定められます。使徒職は使徒たちの後継者として選ば

れた人びとに継承され、主教が生まれます。主教からその責任を担い主教の責任を実行する者として執事が任命され生まれます。次いで主教の責任を共に担う者として司祭が任命されます。

　すべては主イエス・キリストの受肉、福音の宣教の働きから始まり、使徒たちに受け継がれ、主教たちに継承され、執事たちによって具体的に担われ、司祭たちによって分担されているのです。三聖職位の誕生の順序をこのように理解することができるでしょう。

問答 26 にかえって

　問答 26 ではサクラメントの正当性という項目で、それがサクラメントとして成り立つ条件を上げておきました。聖職についてもふれておきましょう。

① **受ける人**（recipient）

　執事には信徒、司祭には執事、主教には司祭が按手(あんしゅ)される資格があると定められています。

② **与える人**（minister, officiant）

　すべて主教、ことに教区主教、主教の場合には三人の主教。

③ **目に見えるしるし**（matter）

　按手する主教の手、塗油(とゆ)（日本聖公会では用いられていない）、聖書、法憲法規、聖餐式の祭服や祭器などを含める考え方もある。

④ **聖職按手式文を参照**

　「主の教会における主教・司祭・執事の務めと働きのために、主の僕(しもべ)（・教名）に聖霊を注いでください。アーメン」。(form=「型」と言うが、これは「式文」という意味にも理解される)

⑤ **目的と意図**（intention）

主イエス・キリストの働きを継承し、神と人のため献身する。

召される

問答1の教会の項目で、エクレシアについて述べました。エクレシアとは呼び出された者たちの集会を意味しているとも申しました。「召される」ということは、この「呼び出される」ことと同じです。世界には無数の人びとがいますが、その中から呼び出され、召されて、私たちは教会共同体を形成し、神と人のために生きることを実践しているのです。ですから、信徒も聖職も共に「召された人びと」と言わなければなりません。

ここでは特に、聖職となるように召されたという言い方をしています。この世から召し出された私たちの中から、さらに大切な職務のために召し出されるという意味です。「召される」ことには「選ばれる」ことも含まれていると思います。ですから、信徒は世界の多くの人びとの中から、聖職は信徒の中から呼び出され、召されて、主イエス・キリストによって示された使命を果たすのです。

聖書の基本的な姿勢の中にはこのような、召される、呼び出されるという問題が一貫して流れているのに気づきます。まずアブラハムは安穏な生活から呼び出され、神の約束の地に向かって困難な旅に出発します。多くの預言者たちも同様に呼び出されて、苦難に満ちた預言者の使命を果たすのです。

もちろんこの伝統は、主イエス・キリストが使徒たちを召される時にも顕著に示されます。

私たちが召されるという時、それはこのような聖書の伝統の上に立った大切な事柄として受け止めるのです。

　聖職に召されることは、すべての人への召命です。すべての人というのは修辞的に言っているのではありません。事実として例外なく実質的にすべての人です。人種、性などの生物学的分類、文化、歴史、地域、社会的階級・階層には支配されません。「すべて」は「すべて」なのです。人間の思想や感情で作り上げられた「区分け」によって影響されるものではないのです。

　召命は神のみ業(わざ)そのもの、今現在起こっている神の出来事です。聖職が人びとの尊敬を集めるのは、その聖職の背後に神のみ業を見ているからです。決して聖職個人の資質、才能などによるのではありません。聖職自身もこの事実を誠実に受け止めなければなりません。この事実を受け止めることによって、聖職としての謙遜(けんそん)を身に付けることができるでしょう。

神の民(たみ)を整えて奉仕の業(わざ)に導く

　この文章を読みますと、聖職が信徒に対して一段高いところに立って何かの奉仕をするように命じたり、強制したりするように感じる方があるようです。言っている意味はそのようなことでないことは当然のことです。そのような誤解があるとすれば残念なことです。

　ヨハネによる福音書にある「足を洗う」(p.157)教えからも明らかなように、教会は一致して、この世に対して「足を洗う」ように奉仕の業(わざ)を行うよう、最後の晩餐・ユーカリスト(聖餐式(せいさんしき))において絶えず勧められているのです。聖職はユーカリスト(聖餐式(せいさんしき))の主宰者として、主

イエスの教えられた奉仕の業(わざ)に信徒の関心を集中させるように、常に方向を指し示す働きについているのです。「奉仕の業をさせる」という答の文章はこのことを述べています。

ですから教会の奉仕の業は、信徒によって担われていると言っています。聖職が直接そのような業に従事することがいけないのではありません。聖職の主たる任務は、この世に信徒を「送り出す」ところにあります。この世で奉仕の業に就くことができる信徒を送り出すのです。

聖職が率先してその業に就くのも尊いことですが、それ以上に聖職は、人びとを送り出し、その方向を指し示し、奉仕に疲れた信徒を励まし、ユーカリスト（聖餐式）によって養い、再び送り出す働きに専念することが大切であるというのです。

疲れ傷ついた信徒が、養いと休みを求めてユーカリスト（聖餐式）に集う時に、その人びとを温かく迎え、心の平安を回復するように準備して待つのが聖職の役割です。ことに牧師はこの大切な働きの責任者です。

人びとが平和を求めてユーカリスト（聖餐式）に帰る時、聖職がいなかったとすれば、人びとは誰によって励まされ平和を与えられるのでしょうか。誰によって受け止められるという信頼感や安心感を得ることができるでしょうか。

聖職者の基本的な責任の所在が、ここにあります。

さて、いよいよ最後の三問答になりました。
　すでにこれまでの各問答について述べてきたことのなかに、この内容はすべてふれてきたつもりです。本書が繰り返し述べてきたことをもう一度反復してくだされば、これら三つの項目に対する説明はすべて見出されると思います。

32 問 わたしたちは、いつ教会に連なる者とされますか

答 神に召されて洗礼を受け、キリストの体のえだ、神の子、み国を継ぐ者とされた時です

「教会に連なる」という表現に注目してください。この表現には、洗礼を受けるということに深い意味があることを示しているでしょう。それは、単なる手順や、何かの資格を得るということではないことを明確にしようとしています。

洗礼式において強調されていることに、「新たに生まれる」という表現がされていることに注目しましょう。洗礼の水は、聖書における多くの物語において暗示されていることを思い起こしてください。ノアの箱舟を囲む水、紅海でイスラエルの民を救い、エジプトの軍勢を滅ぼした水、荒野をさまようイスラエルの民を救った、岩からほとばしり出た水、これらはすべて主イエスが明示された洗礼の水を象徴的に予証していると言えるでしょう。それは生と死です。

ですから、私たちは洗礼を受けることによって、教会のメンバーになるとか、クリスチャンになったとかいいますが、実は洗礼とは、まさに私たちが一度水をくぐって死に、新たな命を得ることを意味します。人の子から神の子への昇華と言えるでしょう。

そこでは、もはや単なる人以上の存在として自己を確認し続けることが、生きることの姿そのものとなるの

です。キリストの体の枝（コリントの信徒への手紙 第12章27節）としてあらゆる瞬間に主イエスとともにあること、そのゆえに、主イエスが神の子であるならば、洗礼を受けた者もまた、神の子であり、そのゆえに、主イエスと同様に私たちもまた神の国に属する者となるのです。

　それは遠い将来のことを言っているのではありません。現在、この世界にあって、主イエスが送られたこの世での生を共有することを意味します。

　私たちは人間としての制約を主イエスと同様に体験しています。同時に、単なる動物ではない、人間として受けている様々な存在の姿を主イエスと共有します。喜び、悲しみ、痛み、そして死を共有します。さらに私たちは、復活を主イエスと共に共有するのです。教会に連なるということは、まさにそのことが確認されるということなのです。

著者からの質問 9

26〜32問「神の民(たみ)」を振り返って

あなたにとって、神の民(たみ)とは、誰ですか？

＋ ＋ ＋ Ｍ Ｅ Ｍ Ｏ ＋ ＋ ＋

33 問 わたしたちの務めは何ですか

答 全人類に対する神のご計画を理解し、神に呼び集められた民として、日々その使命を自覚し、喜びをもって自らを献げ、悪の力と戦い、礼拝と伝道と奉仕の業(わざ)を励み行うことです

　私たちは主イエスと共に、そして主イエスと同様に、この生を生き抜き、死を迎えます。主イエスが辿(たど)られたこの世界での、人間に対して示して下さった生きる姿を共にすることが、私たちがこの世に生を受けたその瞬間から、その生とともに与えられた人の姿なのです。そこでは、私たち自身が神様のご計画のうちにあることが明確であると理解せざるを得ません。

　私たちは、一人ひとり人として生まれるのですが、その瞬間に私たちは一人ひとり、人間としての特徴や才能や、さまざまな個別の姿を受けていることに気付かされるのです。それこそが神のご計画であり、神のご計画によって存在を許された私たち一人ひとりに与えられた恵みなのです。

　私たちは、その恵みに応(こた)えるよう求められています。応えるということは、その意味を理解し、私たち自身の生において応答することが求められているという意味でもあります。「神のご計画を理解し」とはまさに、このような私たちたちの応答という重要な使命を指しています。

　使命とは、主イエスと共に生きる、すなわち、主イエスとともに、他の人びとのために、そして世界のために、

自己を捧げつくすことを意味します。「主イエスと共に」とは、歴史上で実際に主イエスと共に生き抜いた使徒たちと同様に、この世界において与えられた使命を果たしていくことに他なりません。

そのために私たちは、一人ひとりそれぞれの特徴や能力、そして多くの異なった事象への関心などを持たせていただいているのです。そして私たちは、それぞれが与えられた関心の深さによって、多様な職業につき、また、人間としての特徴を示すよう日々の生活に多様性が与えられ、それらが総合されて人間社会が構成されているのです。

日常生活のどのような些細(ささい)な出来事も、与えられたものであることを忘れてはならないと思います。そして、それらが神様から与えられたということのゆえに、私たちは誠実に応えていかなければならないのです。答えるということそのものが、創られたことへの応答となるからです。私たちの生はまさに、始めから終わりまで応答の生であることを忘れてはなりません。

主イエスの教えは決して観念的ではないということを、もう一度思い起こしてください。行われることによって、行為となることによって、初めてその言葉の意味が、教えの意味が明らかになり、すべてが現実となっていくのです。キリスト教はすべてが具体的です。「思っています」ではなく「行っています」が答えにならなくてはならないのです。

著者からの質問 10

33問「務め」を振り返って

あなたの「務め」は、何だと思いますか？

＋ ＋ ＋ ＭＥＭＯ ＋ ＋ ＋

34 問 キリスト者の希望は何ですか

答 すでに始められ、キリストの再臨によって完成される神の国です。神はこれを全人類のために備えておられます

クリスチャンの希望

「希望」という言葉は、キリスト教にあっては特別な意味を持っているように思います。それは「将来、まさに来るべきもの」について語っているからなのです。それはまた、私たちの信仰の告白でもあります。未だ目に見ていないものへの信頼と確信を表します。

人間は希望を失えば生きていくことはできません。希望こそが私たちを生かしている最も重要で大切な条件と言ってよいでしょう。社会的にも、希望と生きることとの関係は十分に理解されていると思います。私たちクリスチャンにとっては、私たちを生かす希望はただ神から与えられます。この世は私たちに希望を与えません。

「キリストの再臨によって完成される神の国」とは、私たち人間の思いを遙かに超えた、そして私たちが未だ見たことのない「完全」を約束します。前にこの世界は、そして人間は不完全だと申しました。その不完全という事実が、キリストによって完全にされるのです。

実際、私たちは完全がどのようなものであるかさえ、定かに分かっているとは言えませんが、キリストの十字架の死と復活の表す神の愛、さらにキリストによって示された「愛の姿」が明らかに実現する、その希望だと言っ

てよいでしょう。主イエス・キリストと一体になりえない私たちが、ついに主イエス・キリストと合一する私たち自身を見出すことができるのです。

「希望」は、ただのんべんだらりと待っていて私たちの内に実現するものへの期待とは思えません。私たち自身がキリスト者の希望に向かってしっかりと歩いていなければならないでしょう。「希望」が実現する時に私たちがどちらを向いているかが明確でなければ、その時が来た時に私たちの方向は混乱してしまうでしょう。希望をその時に見失うでしょう。

私たちはすでに「神の国」に迎え入れられているのです。ただ、私たちはその事実を見失っているのではないでしょうか。私たちがすでに「神の国」に入れられているからこそ、悔い改めが必要なのです。悔い改めという私たちの努力によって、はじめて「神の国」に迎え入れられるのではありません。悔い改めとは、約束されている「神の国」に私たちの生きる方向をしっかりと向けることに他なりません。

もし、私たちが「神の国」を見失っていたり、未だ迎え入れられていないと思いこんだりするなら、私たちにとって悔い改めはどのような意味を持つでしょうか。おそらく、私たちは払うべき努力の大きさに圧倒されて、希望であるより、絶望のうちに苦しむのではないでしょうか。

私たちは常に主イエス・キリストに従ってこの世を生きるように教えられますが、それは神の国に在る者としての歩みを確認し続けるためなのです。神の国はすでに私たちの中に始まっています。32、33、34、の問答が私たちに教えようとしていることは、すでに始まっている

「神の国」の「神の民(たみ)」である私たちの生き方そのものなのです。

その生き方は私たち個人の問題だけではありません。教会という私たちクリスチャンの共同体の生き方をも指し示しています。互いに励まし合い、また「私たちがすでに神の国にいる」ことを全人類に告げ知らせることが、その生き方に深く含まれていることを強く記憶したいと思います。

著者からの質問 11

34 問「希望」を振り返って

あなたにとって、「希望」とは何ですか?

+ + + M E M O + + +

コラム

「リンディスファーンの福音書」(イングランド古写本、700年頃)

コラム1　生命の問題

そもそも生命とは何か

1、生命—存在

キリスト教は、私たちを取り囲むあらゆる物、目にみえる物も見えない物も、一切の事柄を理解しようとする時、また広い世界観においても、その基本にある考え方は基本的に「神中心」(Theocentric) の立場をとっています。宇宙は神によって創造されたとする主張から、ユダヤ・キリスト教的伝統における世界観は出発します。神が宇宙を創造されたということは、神がすべての存在の根拠であり、同時に神がそれらすべての存在の様態を規定すると考えます。これは後に論じようとするすべての存在は一という数字によって規定されるとの、存在の在り方の基本に通じる問題点です。

さて、一方において、神は存在のすべてであると言われます。「すべて」とはキリスト教においてその字義通りに理解されています。つまり、目にみえる物も見えない物も全部が神の存在の中にあるというわけです。そこで、もし神が存在のすべてであるという前提を認めるならば、神が創造された物は神の存在の外側にあるのか、それとも神の内側に始めから含まれているのかという疑問が生じてきます。

もし神の外側に神が創造物を造られたなら、神の存在は存在のすべてとは言えなくなります。なぜなら、神の外側というのは神とその存在を別とするからです。実際、

神の内側とか外側とかいう表現は、キリスト教の神観念からすればおかしなものです。私たちには神を表現するための適切な言葉が無いのです。神は私たち人間が表現できないような内容を持っておられるからでしょう。存在するものすべてが神に含まれていると理解しておくことにしましょう。

そこで、このような前提から、すべての創造物は神の内側に在ると言えると考えられます。創造の業(わざ)とは、全体である神が自らの内側に創造物の存在を認めた、あるいは確認したという事柄であると言っていいのではないでしょうか。創世記第一章から第二章にかけての創造物語はこの主張を述べたものです。「光あれ」(創世記 第1章3節)から始まる創造の業は、神の確認と承認の過程と言えるでしょう。

さらに神は「無限である」というのがユダヤ・キリスト教的伝統の基本的立場です。そこで、神の内側という表現を用いることができるならば、それは神の存在が無限性を持ち、従ってすべての存在は神の存在の無限であることの中に含まれていると言えます。宇宙が私たちにとって無限の広がりを持つと言いうるのはこのゆえであり、私たちが体験しえない「無限」を語りうるのもまたこのゆえです。

もう一つ、ユダヤ・キリスト教的伝統には「永遠」という問題があります。神は永遠であるといわれます。永遠とは時間の長さを表現する言葉ではありません。時間はその中から出てくるが、永遠は時間によって規定されるわけではないのです。むしろ、それは、時間を規定しそれに意味を与えるものと理解すべきと考えたらよいで

しょう。一つの事象は時間の中で起こってきます。つまり歴史上の一点においてです。もしその事象がその一点においてだけでなく、歴史の上でその後も多くの影響を持ったり、他の引き続く事象に意味を与えたりするなら、そこには永遠的性格があるということになります。

神の宇宙創造は、そこで創造されたすべての物に創造されたということの意味を与え続けているのです。だから私たちは神の創造を永遠の業(わざ)と呼ぶことができるのです。さらに永遠とは、事象の持つ意味を考えさせるということから、またその意味が時間を超えているという点から、すべての永遠的事象は常に現在 (p.133) のものであると考えられます。永遠は常に現在でありうるものを指し示していると言えましょう。そのゆえに、神が「永遠である」とは神があらゆる時点において「現在」の存在であることを意味します。

創造されたものは、永遠の支配する時間によって規定されています。それらは時間的な存在であり時間的に限定されています。始めがあり、終わりがあります。現在があり過去があります。その時間的限定は永遠という時間を超えたものの中にしか意味を持たないのです。

創造物は全体の中にあって個々の存在が認められ、無限の中にあって個々の存在が許され、永遠のうちにあって個々の存在の時間が保たれるのです。

2、存在の根拠

創造物には生命が与えられました。創造物は創造者ではないから、自ら自分の生命を作り出したのではありません。創造物に生命を与える者は創造者でなければなり

ません。生命は存在するものにその存在を可能にする根拠を意味しています。従って存在の全体である神以外に生命を持つものはいません。そのゆえに、生命を与えるものは生命の根源、また生命そのものである神そのものでなければなりません。

　神がすべてであり、無限であり、永遠であると受け止められれば、神以外の存在は無いというに等しいのです。それは当然、神が唯一の存在であるとの結論となります。神が一つであって、他に神は無いというより、神以外の存在は無いということです（従って、一神教・多神教という宗教学的分類はキリスト教を考える時、必ずしも有効な方法とはなりません）。

　そこで、神が存在として唯一であるという命題が承認されれば、唯一である神に由来する生命もまた唯一でなければなりません。もし生命の由来が唯一でなく複数の由来を持つとすれば、存在もまた、複数の存在を考えなければなりません。そうなれば、例えば人類はどうなるでしょうか。人種という区分けは存在の多様性を示す条件となるのでしょうか。となるのなら人種の区別あるいは差別は正当性を持つこととなります。私たちはこれを承認できるでしょうか。そこでここに言う唯一性こそが、自然における秩序の統一性を根拠づける絶対的な真理と言うべきものとなるでしょう。

　また、このように問題を取り上げることが出来ましょう。私たちが宇宙、つまり創造物を見る時、あるいはまた最近の科学が行っているようにロケットを宇宙に向けて飛ばしている時、私たちはこの地球上において一般的に承認された物理的・科学的原理を用いています。私

たちは、宇宙において、また地球上において、私たちが発見した諸原理がそのまま原理となりうることを疑いもしません。しかし、宇宙の彼方(かなた)に私たちと異なった存在から由来する人間に比すべき生命体が存在するとか、異なった存在から由来する存在があるなどと仮定するならば、その存在はいかなる原理に基づいて起こり、その存在を維持しているかが問われなければなりません。

　もし、私たちの理解する諸原理と異なったものによって存在するなら、私たちの今試みているさまざまな科学的実験はいかなる意味を持ち、いかなる可能性を持ちうるのでしょうか。由来の異なる存在が想定されるならば、ロケットを飛ばすことそれ自体が問題となるのではないでしょうか。なぜなら、そのような実験はこの地球上で確認された諸原理に基づいているからです。より正確にその状況を述べるならば、私たちの本来基本的に捉(とら)えておかなければならない立場は、地球上の諸原理が宇宙に対して適応されるのではなく、むしろ宇宙的な諸原理が地球においても適応しうることを確認する立場であるはずです。

　従って、私たちがすべてに対して適応させている諸原理は宇宙的な性格を持っていると結論せざるを得ません。すなわち、宇宙は、もちろん私たちの住む地球を含めて、一つの原理によって支配されていることになります。生命もまた一つの原理の下にあると言えましょう。もしそうであるなら、そしてすべての「科学的原理・法則」が一つのものであり私たちの住む地球において確認されているすべての「科学的原理・法則」が宇宙的な期限を持つとするなら、この原理・法則は人間の生命につ

いても適応されることは科学的に言って当然のこととなります。

一という数字のキリスト教における重要性の一つがこれです。生命はこのようにして一つの原理に基づくがゆえに、キリスト教は生命の唯一の根源として神の存在を主張するのです。これはまた宇宙全体を支配する一つの原理が神に由来し、それゆえ神こそが宇宙の統一的秩序の根拠ともなるとの前述の主張にも通じるものと言えましょう。ここに神が唯一であると主張するキリスト教の基本的立脚点があります。

人間の生命

私たちは、この世に生を受け、各々がその存在を開始した時に「生命を得た」と言います。通常これは一つの自然現象として考えられていて、その瞬間の意味を考えることは普通ではしません。しかし、問題はこの瞬間にあると言わなければならないでしょう。私たちの誰も、この瞬間を自らの選択において獲得してはいないのです。また私たちの誰も、その瞬間を歴史の一時期に限定することを自らの選択によってはいません。まして私たちは私たちを生み落とした両親を選んでもいないし、自分の男性であること、女性であることを自ら決定した訳でもありません。私たちの生命のこの世における始まりに、私たちは何の選択権も無ければ、さまざまな状況に対して私たちの意思を働かせた訳でもありません。

私たちの存在はその始めにおいて私たちを遙かに越えた私たちのものではない「存在者」の決断によって始められるのです。これを偶然と呼ぶか、または自然の摂理

と言うかは、まさに信仰の問題か、あるいは哲学的イデオロギーの問題でしょう。キリスト教においては『偶然』を本来考えないがゆえに、それは摂理、ことに神の摂理、すなわち神の決定あるいは神の意思としか言いようがないのです。人間の生命が神によって与えられたという表現と主張はここにその根拠を持つのです。さらに別の表現をするなら、人は神によって造られたとなりましょうか。

人が神によって造られたとは、普遍的なテーゼであると同時に、私たち一人ひとりに当てはまるべき個別の問題でもあります。普遍とは実はその事を示すものでもありましょう。普遍的真理はすべての個に当てはまるべきものであるはずだからです。

すべての創造物は神によって造られたとの命題、またそれは神がその内側にそれぞれの創造物の存在を確認されたとの前提を承認するなら、人間の創造についてもその命題や前提は適用されなければなりません。人間もまた創造物の一つだからです。

従って、私という個はすべて他の人間が造られたのと全く同じ条件と状況において造られたと言わなければなりません(『女より生まれたもの』)。存在論的に言うなら、これは人間の同質性の問題であり、社会的な表現では人間の平等性を表すものです。キリスト教の信仰的表現を用いるなら、これは人間の一体性を表現しています。人種的、宗教的、階級的等の差別が信仰的問題であるのはこの点に由来するのです。

あなたの生命・私の生命

以上の諸条件を考えた時次に捉(と)えておかなければなら

ない興味深い事実があります。今私たちが自己の意識として持っている自分という意識、自己の存在の意識は、それが自己の人間としての存在の意識であるがゆえに自己に固有のものです。同時にそれによって私たちは自己と他者とを区別するというもう一つの条件があるがゆえに、自らの生命が自己の内に限定されているとの認識を持ちます。すなわち「私の生命」という表現に見られる事柄です。私たちは命は一つしかないとか、唯一の命を失うとか、人の命を奪うとかいうような表現を用いています。

しかし、そのような意識の問題や表現の問題は、今考えているような点においては必ずしも正当性をもたないと言いたいのです。なぜなら、上記の諸条件において挙げた問題は、神による創造、生命の普遍性、生命の同質性など、自己の生命と他の生命との存在における個別性を厳密に区別することを否定する事柄だからです。ことに、自己の存在の始まりにおいて私たちには何の選択権も無かったという前提は、この点において決定的な意味を持つことになります。例えば、私が今自己意識として持っている日本人であるとか、何年に生まれたとか、男であるとか、女であるとか、人間としての存在を取り巻くさまざまな外的諸条件は、私の選択による結果ではないのです。これもまた普遍的な条件に数えることができましょう。

上述のように、この事実は偶然とは捉えません。その意味で「摂理的」であるとすでに述べました。私は従って、アフリカ人であったかも知れないし、アメリカ人であったかも知れないのです。日本人である人種的条件は私の

選んだことではないからです。性においても同様であるし、私は自分の両親さえ選んではいません。すなわち最も基本的な「人間関係」すらも私の選択の外にあります。これらはすべての人びとに普遍的で摂理的な事実として受け入れられなければならない問題なのです。従ってこの時点で一つ結論しうる点は、以下のよう事柄でしょう。

　私たちの生命は、神がその内側に私たちを認識されることによって存在を開始します。神は生命であり、その認識において私たちの生命は神である生命の根源と堅く結ばれています。そればかりでなく、私たちの存在は神の生命の中にあって初めて開始されるのであるから、その両者は不可分の関係にあると言うべきでありましょう。さらに深く掘り下げれば、私たちの生命は一人ひとり個別に与えられるのではなく、神である生命との不可分の関係において相互的に一体性を持っています。

　私の生命は私のみの生命ではなく、神の内にあってこそその存在を主張しうるものです。もし、そうでなく一人ひとりの人間がそれぞれ一個であってしかも個別の生命を持つと主張するなら、あなたの生命と私の生命はその起源においていかにしてその同質性を主張しうるでしょうか。いかなる根拠において共に同じ人間としての生命を持つと言えるのでしょうか。

　個別の存在は必ず相互的に相違点を持たざるを得ないのが自然です。もし私の生命とあなたの生命とが個別であり相違点を持つとして、私が私の人間であることを主張した時、あなたは一体人間でありうるでしょうか。あなたが人間であることを主張し私との間に相違点があるとすれば、私はいかにして私の人間であることを主張し

うるでしょうか。私が人間であり、あなたと相違点を持つと言うなら、あなたは人間ではないと言わざるを得ません。人間であることはその存在の問題であるから、部分的な共通点だけで同じ人間を主張することは出来ません。生命を完全に共有することによってしかその同質性を明らかにすることは出来ないのです。

神の生命を共有することによってしか人間（被造物）としての同質性を主張できないのです。従って私たちはそれぞれが一人ひとり個別の生命を持っているのではなく、神という大きな生命体の中にあることによって、すべての創造物・人間との間に共有する生命を持つのです。私はあなたとそして彼らと一つの生命を共有しているのです。そのゆえにこそ私たちは「人間として同じ人間」という表現が可能になるのです。

人間の平等は、人間の存在における同質性を根拠としなければ説得力は無いでしょう。どこかで異なった点が認められる時、平等性の根拠は無くなってしまいます。だから、例えば人種的相違や階級的相違、あるいは地域的相違、性別などがむしろ人間存在の同質性を否定して人間を一定の基準でグループ化し、相互に異質性を強調することによって「差別」を作り出してきたという事実は、この問題を裏書きします。

差別ばかりではありません。人と人の間のさまざまな関係はこのような異質性の強調から、互いに相手が自分と同じ人間であることを否定する働きを助長してきたのです。それによって、自分こそが真正な人間であり、自分と異なる者は人間ではないという愚かな主張を高めてきたのです。人間の歴史における最も大きな悲劇はここ

から出発しています。この愚かな主張は単なる悲劇に止まらず、それは差別する側の人間の生命の根拠をさえ否定することであることを銘記すべきでしょう。

生命の維持

生命を維持するためには、食物を取る必要があります。神の生命に参与する人間についてもその必要性は全く変わりません。なぜなら人間の物質的部分がそれを要求するからです。宇宙創造の物語においても物を食べることの重要性が繰り返し語られます。神の生命を分与されている人間は、神の食物なしではその本質の維持はできません。「霊なる食物」というイエス・キリストの与えられる食物がこれに当たります。「最後の晩餐」あるいは「ユーカリスト（聖餐式）」において示される「霊なる食物」は真の食物であるというキリスト教の提示は、ここにその根拠を持っています。これなしで人間は真の人間としての生命を維持できません。

教会が歴史を通して主張してきたユーカリスト（聖餐式）の重要性は、私たちの生命の問題だからです。ユーカリスト（聖餐式）は、従って単にキリスト教の儀式という範疇を遙かに越えて、イエス・キリストが全人類のために定められた生命の食事という意味を持っているのです。それは単なる記念ではありません。思い出の繰り返しでもないのです。最後の晩餐において定められた生命の食事そのものなのです。だから教会は時を定めてこれを行うと同時に、より多くの人びとをこれに招くのです。生命を分かち合うために。

クリスチャンになるというのは、たくさんある多くの

宗教の中から一つを選んである特定の宗教に所属しようということではありません。むしろ、真の生命を体験的に自己のものにしようという道なのです。キリスト教の福音(ふくいん)とはまさにこのような、生命が私たちに与えられていることの確認を示すものに他なりません。私たちに生命があるということなのです。聖書は「永遠の生命」という特殊な用語でこれを表現します。永遠というような時間的要素を持った表現を避ければ、これは「真の生命」と言うべきでしょう。ユーカリスト（聖餐式）こそがこの生命を与える機会としての意味を持ちます。

コラム2　聖公会の祈祷書

成文祈祷と自由祈祷

　プロテスタントの諸教会では、礼拝で牧師や信徒が自由祈祷を行うのが普通だとされています。実際に行われていることを観察しますと、牧師も信徒もあらかじめ自分のする自由祈祷を書き留めておき、それを読み上げるのが一般的になされています。もし、文章を読み上げることが成文祈祷であり、あらかじめ用意された文章を用いないことが自由祈祷であるとすれば、プロテスタント教会でも成文祈祷を行っていると言うべきでしょう。

　もちろん、かつてはそのような用意されないでいきなり牧師の口から祈りがなされることがありました。そこからプロテスタント教会では一般的に自由祈祷が行われていると言われているのだと思います。しかし、現在ではむしろその方が稀であるようです。実は祈祷書が成立する過程にも同じようなことがありました。

祈祷書の歴史

　初代教会でも最も初期、使徒たちが自らユーカリスト（聖餐式）を主宰していた頃は、使徒たちがその使徒としての権威によって、最後の晩餐での具体的な経験から、自由にユーカリスト（聖餐式）の順序と祈祷を行い、初代教会におけるユーカリスト（聖餐式）の形成の基準を示してきました。しかし、その基準とは一つの型がはじめに決められていたというのではありません。地方的に

異なった多くの型が同時的に実践されていたことを忘れてはならないのです。実際、初代教会ではさまざまな異なった型のユーカリスト（聖餐式）が行われ地方的な特色を示すことになりました。

次の時代になり、使徒によって指名され任命された使徒たちの後継者、主教がユーカリスト（聖餐式）の主宰者となると、使徒たちの定めた基準に忠実であるために、その定めを記録して、それに従ってユーカリスト（聖餐式）を執行するようになりました。これが積み重ねられ、また地方地方の習慣や特別な信仰の形を加えながら、ユーカリスト（聖餐式）の伝統とそれを記録した祈祷書が生まれることになりました。最も古く伝統の根拠地となったところは、

- エルサレム
- アンティオキア
- アレクサンドリア
- ローマ
- コンスタンティノープル(現在のイスタンブール)

の五か所でした。現在私たちが用いている日本聖公会祈祷書はローマの伝統から発展し、9世紀から11世紀に確立したローマ典礼の伝統のもとにあります。この伝統を西方教会の伝統といいます。実は西方だけでも、ミラノ典礼、ガリア典礼（現在のフランス地方）、またスペインのモサラベ典礼、さらにのちになると英国ではセイラム典礼なども生まれるようになります。しかし、ローマ帝国によるキリスト教の公認と国教化は祈祷書の歴史にも影響を持ちました。祈祷書の多様性は統一性へと向かうようになります。帝国の政治的統一を目指すことに、

教会のさまざまな慣行が助けになると考えられたからではないでしょうか。

11世紀になりますと、英国も含めて、全ヨーロッパが大体ローマ典礼で統一されることになります。西方教会に対して、4世紀半ばにローマ帝国の首府となったコンスタンティノープルを中心として、アンティオキア、エルサレム、アレクサンドリアの諸伝統にほぼ共通するクリソストムとバシルの典礼が確立して、この典礼が今日も東方教会の典礼の原則となっています。もちろん、歴史を通してさまざまな改訂が行われてきましたが、西方教会では主として省略と簡略化がしばしば行われたことは注目してよいでしょう。東方教会はほとんどこのような簡略化は行っていません。

英国聖公会が宗教改革によって誕生すると、直ちに英国聖公会祈祷書が編纂されます。この祈祷書の編纂の意図と目的は極めて明瞭と言えます。

一、聖書的であること。

宗教改革以前に用いられていたローマ典礼が聖書的でなかったというわけではありませんが、祈りを、ことに聖書からの直接の引用によって構成しようとしたことが特徴となりましょう。また、それまで修道院の独占であった日々の聖書日課を一般の信徒にも用いられるように整備し、祈祷書の中に明記することによって聖書から学ぶことを奨励しました。

二、祈祷書によって信仰の教育が行われること。

一つひとつの礼拝の意味と教会の意図を祈祷の中に含

ませ、祈祷書をきちんと読むことによって教会の教理を学ぶことができるように配慮してあります。

三、英語・母国語を用いること。

これは宗教改革の重要な原理の一つです。従来行われていたラテン語による礼拝を信徒が理解でき、しかも実際に信徒が日常的にも祈祷書を用いることができるようにしました。ラテン語から母国語にするのは、信徒の問題だけではなく、これによってローマ教皇の絶対的支配からの独立を意味する重要な改革運動の中核になるものでありました。

四、信徒が用いることができるようにする。

母国語にするのと同時に、英国聖公会祈祷書は当時の標準的な英語を確立することによって、英文の基準を示すことになりました。また、礼拝の執行者を聖職に限定せず、さまざまな場合に信徒が直接祈祷を唱え、聖書を朗読し、司式者ともなり得る条件を整えました。

五、教会の礼拝・儀式を一冊の書物とする。

ローマ典礼では、初代からの方法に従って、祈祷書は数冊の部分に分かたれていました。教会暦(カレンダー)、聖書日課表と日課の本文(レクショナリー)、ユーカリスト(聖餐式)の式文(ミッサル)、主教の司式する礼拝(ポンティフィカル)、病人、葬式などの牧会書(パストラル)、その他のサクラメント(サクラメンタリー)などです。これらは司式者である聖職の独占物でした。これを一冊にまとめること、そして当時ようやく始まっ

た印刷術の発展などによって、信徒も教会の典礼の全貌に初めて触れることができるようになりました。宗教改革の一つの原則であるすべてを公にすることの実行です。

現在、日本聖公会においても、これらの原則は英国聖公会からの伝統として大切に考えられています。

祈祷書の歴史と改訂

祈祷書の歴史は祈祷書の改訂の歴史といってもよいでしょう。東方教会でも改訂が全く行われなかったわけではありません。西方教会が典礼にラテン語を用いていたのと同じように、東方教会ではギリシャ語を用いていました。西方でも「キリエ」のようにギリシャ語をそのまま用いる例はありますが、東方の場合は、すべてがギリシャ語でした。中世以降は、教会スラブ語など各国語を用いるようになっています。日本でも日本の正教会は全部ではありませんが日本語を用いるようになりました。これらは祈祷書の改訂としては主として教会内部の問題と考えられます。しかし、祈祷書はそれだけでなく、社会的な、政治的な意味も古くから持っていました。

11世紀まで、西方教会も東方教会も現実の政治状況に深く関わっていました。西方ヨーロッパ諸国においては、使徒の後継者である主教や大主教の任命は国王や有力な貴族の権利でした。11世紀末の教会改革によってこの事情は大きく変化し、主教は教会の意思、特にローマ教皇の意思によって任命されるようになります。

実は教会会議も皇帝や国王が主宰することが普通でした。あの有名なニケヤ公会議は325年にコンスタンティ

ヌス大帝の招集によるものでした。教会の動向は皇帝や国王の政治の基盤になっていたからです。このような状況は祈祷書についても同じでした。祈祷書は皇帝や国王、有力な貴族の命令によって改訂、制定されたのです。

この意図は明白です。政治的権力者たちは権力を神によって与えられたと考えます。従って自分の領内にある民衆の信仰は権力者の手にあるべきでした。典礼とそれを定める祈祷書は権力者にとって特に重要な政治的な意味、あるいは統治の手段であったのです。

英国では宗教改革の時にこの状況が復活します。ヘンリー8世はカンタベリー大主教クランマーの進言によって、英国聖公会の正式な成立と英国での改革を軸とした国家統一を目的として祈祷書の編纂(へんさん)を命じるのです。

ここで注目していただきたいのは、教会自身の変革と教会を取り巻く社会的状況の変化によって、祈祷書は改訂されるという原則があるという事実です。この事実が後に繰り返される祈祷書の改訂事業の動機となります。

英国聖公会では宗教改革の理念が確定し、国家として政治的な安定を見る17世紀後半になって、1662年版の祈祷書を確定するに至るのです。その後、1928年、第一次世界大戦の後、教会の状況とヨーロッパの政治的・軍事的・経済的状況が大きな変化を見せる時期に祈祷書を全面的に改訂します。この改訂後、直ちに急激に変化する世界の状況への教会と応答として、祈祷書改訂が計画され1980年にこの結果が具体化します。

米国聖公会もほぼ時期を同じくして祈祷書の改訂を行い、1928年、1979年に改訂作業を一応終了しました。一応と申しますのは、英国聖公会も米国聖公会もその後

継続する形で、すでに新たな改訂作業を開始しています。その理由は以下の通りです。

祈祷書の意味

　かつて祈祷書は政治的権力者の統治の手段の一つであったと申しましたが、祈祷書を純粋に教会の立場から見ますと、さらに私たちにとって重要な事実が浮かび上がってきます。祈祷書はそこに含まれている教会暦と聖書日課によって、また同時に祈祷文や、祈祷文に用いられる言葉を通して、その祈祷書を持っている教会が世界に向かって教会の主張を明らかにするという重大な働きをしているのです。

　つまり祈祷書は教会の世界に向かっての公式の発言なのです。ただ礼拝の順序や式次第ではありません。その時代の教会の姿勢が示されるべきものなのです。ここにはその時代の神学の動向が含まれるのは当然です。教会は祈祷書とそれを用いる礼拝においてその姿勢を明らかにします。私たちの信仰をその特定の時代的状況においてどのように表すかが問題となるのです。国家統治の手段である時には、必ず統治者が礼拝でさまざまな形で主役になります。

　もし、私たちの教会が差別に反対し、この世の不正に立ち向かうとするなら、聖書日課や祈祷の中でその姿勢は明らかにされているはずです。キリスト教の祈祷書はその一つひとつが明確な性格を持っていると言ってよいでしょう。

祈祷書による教会の統一

　昔は祈祷書の制定は国家の問題であり、これに対する主権者は国家の元首だったと申しました。宗教改革の時代もそうでした。しかし、近代に入ると祈祷書は教会自身の意思によって制定されるようになりました。これは政教分離の原則がヨーロッパ諸国においても普通になってきたことと並行します。

　また、アメリカのように国教は確かにキリスト教と言えそうですが、実質的にさまざまなキリスト教各派が一斉に入ってきた状況で、国家統一のしるしとしての祈祷書は意味をなしません。こうして米国では、祈祷書は米国聖公会の統一という教会的な次元に落ち着きました。政教分離・信教の自由という近代社会の原則から言えば、教会にとってもかえって良いことと言うべきでしょう。

　米国聖公会の事情は日本にも適用できます。日本聖公会祈祷書はそのゆえに、日本聖公会の統一のしるしと考えてよいと思います。

　祈祷書が前に述べたように、教会の社会への意思表示という意義があるのですが、日本聖公会祈祷書はその伝統に従えば、日本及び現在の世界情勢に対する日本聖公会の意思表示となるわけです。

　統一ということにはもう一つの意味があります。それは日本聖公会の信徒はこの祈祷書によってキリスト教の信仰を学び、養われ、その業（わざ）に励むということです。ですから、どこの聖公会においても同様ですが、祈祷書は教会全体の共同の意思によって制定されます。これを変更する場合も同じように全体の意思表示を必要とします。そうでなければ教会の統一はどこかで損なわれるか

らです。

　日本聖公会では、具体的に確定するためには二回の総会の審議を必要とします。二回というのは第一回で提案され、第二回に至るまでに試用して、全教会がその内容を確認した上で、第二回目の総会で確定するのです。また部分的に変更したり、特別な礼拝のために祈祷を変えたり、聖書日課を自由に選んだりすることも行われますが、その際には、教会を代表し得る使徒継承者である教区主教の許可が必要になります。すべて教会の統一を維持する方法です。だれでも自由に改変可能というわけではありません。それにはそれなりの手続きがなければなりません。祈祷書は私たちの教会にとってそのような重要性を持っているのです。

祈祷書は絶対ではない

　しかし、同時に強調されるべきことは、祈祷書は絶対的なものではないということです。ここで申し上げたいのは、変えてはならないものではないという意味です。

　すでに述べたように、教会自身の変化、ことに20世紀に顕著な現象となった、教会自体が、教会自身が犯した過去の誤りを認め、反省しなければならない点に気づいたような時には、祈祷書を改訂することによってその意図を内外に鮮明にすることは、被造世界に責任を取ろうとする教会が取らなければならない姿勢です。

　20世紀後半の祈祷書改訂にはその意味が深く関わっております。神のみ心に従おうとする時、神の民(たみ)である教会は率先して反省と贖罪(しょくざい)の姿勢を明確にし、将来に向かって新たに神に向かう自らの姿勢を明らかにしなけれ

コラム2　聖公会の祈祷書　　*245*

ばなりません。

　もちろん、変えなければならないところと、変えてはならないところは正確に区別しておかなければならないのは当然でしょう。改訂の中心、そしてその基準となすべき点は、「この祈祷書によって生きようとする時、私たちは神のみ心をこの世において実行し得るか」であります。そして私たちにとっては「日本聖公会がこの祈祷書によって一致して与えられた使命を実行し得るか」でしょう。

　問題の基本は、み言葉を聞き、ユーカリスト（聖餐式）に参与し、奉仕の業(わざ)における自分たちの責任を全うするところにあると言えるでしょう。

コラム 3　巡礼〜「旅する教会」

キリストと一つになる

　クリスチャンにとって生涯の目標といえば、誰でも「主イエス・キリストと一つになり、永遠の生命をいただくこと」と答えるのではないでしょうか。永遠の生命は主イエス・キリストによってすでに与えられているというみ言葉をいただいているのですが、私たちはそれをさらに確実にしたいと思い、実際の体験において実感したいと願っています。主イエスが昇天されてすぐに、使徒たちを始め多くの人びともこのような希望を持ちました。主イエス・キリストと同じになりたい、同じ生き方をしたい、同じ経験を積みたいと思ったのです。

　主イエス・キリストが十字架によって殺されたから、殉教者たちは同じように十字架で死ぬことを喜びをもって受け入れました。同じ十字架でも主イエスとあまり同じでは恐れ多いというので、自ら望んで聖ペテロのように「逆さ十字架」であるとか、聖アンデレのように×印の形の十字架に付くということもありました。殉教者たちは主イエスと同様に十字架に付けられて殉教したことによって、主イエスのご生涯を共に生きることができた、共に死ぬことができたことを感謝したのでした。

　初代教会の信徒たちにとっては、十字架で死ぬことだけが主イエスと共に生き、共に死ぬことではありませんでした。主イエスが父なる神に対してなさった祈り、感謝、賛美を礼拝において実行することもその一つでした。

福音書に見える主イエスが使徒たちと共になさった礼拝は、信徒たちによって忠実に守られたようです。使徒言行録 第2章42節、46節にはその情景が描き出されています。ことに使徒たちや信徒たちにとって、主イエスがお命じになった「最後の晩餐」を共に行い続けることも、主イエスと共に生き、死ぬことでした。「このパンとこの杯」によって主イエスを記念するということは、まさにその意味を示した言葉です。

日本聖公会祈祷書の聖餐式式文を見ますと（用語解説「聖餐式の流れ」p.290～参照）、まず私たちは「主イエス・キリストよ、おいでください」と言って、その場に主イエスが共においでになること（臨在）を宣言します。次いで旧約聖書の述べるメシア待望の讃歌（キリエ）から始まって、クリスマスの讃歌（大栄光の歌）に移り、聖書朗読によって主イエスの地上での宣教の旅路を共にします。私たちはそこで使徒たちと共に、主イエスが救い主であることを告白して（ニケヤ信経）、主イエスのエルサレム入城を歓迎し（「聖なるかな」）、「最後の晩餐・主の晩餐」に参加し（感謝聖別）、主イエスの復活の命に与ります（陪餐）。それから、主イエスの昇天の祝福をいただき、聖霊降臨と同じように聖霊に力づけられてこの世に派遣され、主と世界に仕えるために出発します。

ですから初代教会の信徒たちにとっては、ユーカリスト（聖餐式）に参加すること自体が主イエス・キリストと一つになる「巡礼」だったのです（最近、現在の教会の状況から、いわゆるみ言葉のサクラメントと聖餐のサクラメントの順序を逆にしようとする礼拝学者の意見も出ています。この考え方は主イエス・キリストによって

派遣される使徒たちの生涯がより強く強調された結果と言えるでしょう。これも一つの巡礼の姿でしょう)。

巡礼・ピルグリム

巡礼を意味するピルグリムという言葉は、「見知らぬ」「外国の」という意味から始まり、「旅をする」「旅行者」という意味が加わりました。新約聖書時代のクリスチャンたちにとっては、自分たちが旅をする者ということはむしろ当然の表現であったと思われます。ヘブライ人への手紙の第11章13節には、自分たちクリスチャンを指して「仮住まいの者」と言い、聖パウロもしばしばそのことを述べています。私たちは神の国を目指して旅する者なのだと言うのです。ここで用いられている言葉が英語でピルグリムとなる言葉の原語です。

キリストと一つとなる、キリストによる救いをいただく、キリストへの限りない感謝を現す、罪の赦しを求めるなど、巡礼にはさまざまな思いがこめられて歴史を通して行われてきました。主イエス・キリストの十字架と共に、主イエスのお立ちになった所に立ちたい、主イエスが旅された道筋をたどりたい、主イエスが休まれた所で休んでみたい、主イエスが泊まられた所に泊まりたい、それによって主イエスと一つになろうとしたのです。このような旅は現代でも盛んに行われています。私たちの教会でも聖地旅行をする人たちが多くなりました。聖地旅行はまさに初代から行われてきた「巡礼」なのです。

聖人の遺跡への巡礼

主イエスの事跡への巡礼と共に、主イエスのご生涯に

忠実に従った聖人たちの遺跡や活動の場への巡礼も盛んに行われています。最も尊敬を集めているところは聖母マリアに関するところでしょう。今世紀に入っても、ルルドへの巡礼はますます盛んになる一方です。また、聖母マリアが現れたとか聖母像が涙を流したという奇跡の場所は数多くあります。人びとはそのような場所に行くことによって、主イエスの救いのみ業(わざ)を体験しようとします。

英国聖公会でもウォルシンガムやカンタベリーへの巡礼は現在でも盛んに行われています。有名なチョーサーの『カンタベリー物語』は中世に行われたカンタベリーへの巡礼の旅物語であることは有名です。主イエスと一体になったと信じられている聖人たちと同じ信仰を分かち合いたいと願うことが、このような巡礼の目的であり、それが主イエスとの一体性を約束すると信じられたのです。

書物による巡礼

実際にその場に立ってみるという巡礼と共に、教会史の中には巡礼を現す多くの書物があることもよく知られています。トマス・ア・ケンピスの『キリストのまねび』、ジョン・バニヤンの『天路歴程』、あるいは近代になっても『御跡したいて』など数多いのです。さらに私たちの目にふれるたくさんの「イエス伝」もこの範疇(はんちゅう)の書物と考えてよいでしょう。

すべてこれらの書物は主題において一致しています。それはいかにして主イエスに近づくか、なのです。もちろんこれらが書かれた時代相を色濃く反映していますから、どの時代でも通用するかというと、いろいろ問題は

あるかもしれません。しかし、私たちはこれらの書物からその時代の人びとがたどった主イエスへの道を目の当たりにするのです。書物を読み進むにつれて、主イエスのたどられた苦難と栄光の道を共に進むのです。

　私たちは現代における巡礼の物語を生み出さなければならないのかもしれません。あるいは書物のような形を取らなくても、同じような営みは行われています。「ジーザス・クライスト・スーパースター」というミュージカルもその一つと思います。聖地旅行に行かれる皆さん方は、初代から行われた巡礼の道を信仰の道として大切になさるようにお勧めしたいと思います。そして私たちが毎日曜日に行うユーカリスト（聖餐式）の集まりこそが巡礼の源泉であることも知っていただければ幸いです。

聖遺物

　教会史に盛んに登場する聖遺物に関する記録も、一種の巡礼と考えてよいでしょう。仏教にあるパゴダはブッダの遺骨を収めてあると言われますが、もし、世界中にあるパゴダを全部点検すればブッダの遺骨は考えられないほどの量になるそうです。

　実はキリスト教にも同じようなことがあると言われています。たとえば、世界各地に主イエスがかけられた十字架の破片が聖遺物として保存されています。事実かどうかは分かりません。これらを集めると膨大な量になることは確かです。あの十字架がそんなに大きなものだったとも思えません。しかし、人びとの間では聖遺物に対する尊崇は根強いものがあります。

　もちろんお守りのように考えられた時代もありまし

た。長い間、聖堂の祭壇に聖遺物を埋め込むことは普通の習慣でした。主イエスや聖人の存在を身近に感じることができるからでした。

また、時には権威を現すものでもありました。11世紀にイングランドに侵入したノルマンディ公ウィリアムは、ローマ教皇から与えられた聖ペテロの聖遺物を入れた指輪をはめてイギリス海峡を渡ったと伝えられています。ちょうど「錦の御旗」のようなものです。実際、教皇の印の入った旗を授与されています。

今、さまざまな人びとが十字架のネックレスをしているのも、元をたどれば聖遺物を身に付けることから始まったのです。ある人びとはこのような習慣は迷信的だとか、ばかばかしいなどと言うかもしれません。しかし、これも本来は信仰の対象との一致を目指したものなのです。私たちは無批判にこの習慣に従うことはありませんが、時代時代における人びとの信仰の形として尊重するべきでしょう。

現代の巡礼

私たちは今の時代に、かつてのクリスチャンたちが大切にしてきたような巡礼のさまざまな形をどう捉えているでしょうか。あるいは私たちにとっての巡礼はどのような形を取っているのでしょうか。聖地旅行は明らかにその一つの形でしょう。私たちが聖地旅行をする時、なにを最も大切に考えるかで、それが巡礼となるか、単なる観光旅行になってしまうか、問題でしょう。

現代の巡礼は、過去の巡礼がそうであったように、主イエスの足跡をたどることに熱心でありたいと思いま

す。ただその場所に立つことだけではありません。主イエスが最も強く深い関心を示された事柄に注目すべきだと思います。

　現在、パレスチナは絶え間ない紛争と戦争の最中にあります。イスラエルとパレスチナ、イスラエルとアラブ諸国との対立は、多くの不幸な難民や悲惨な境遇の民衆を生み出しています。私たちにとっての聖地巡礼が主イエスの足跡をたどる信仰的な旅であるなら、まずこれらの人びとのもとこそが私たちの訪ねる所ではないでしょうか。

　主イエスの立たれた所に立つということは、単に場所だけのものではないはずです。むしろ主イエスが出会われたような人びとに出会うことが、聖地旅行を聖地巡礼とすることだと思います。実際はなかなか難しいでしょう。国と国の争いは私たちの行動の自由を奪います。しかし、少なくともそれが巡礼であるならば、主イエスのおいでになる所こそ目的地とならなければなりません。

　書物も私たち自身の教養のためにではありません。主イエスと同じ生涯を送るためです。聖遺物も装飾になっては意味がありません。私たちの信仰を明確に示す物となるべきでしょう。

コラム4　ルブリック

ルブリックとは

　祈祷書の勉強を始めますと、すぐに誰でもルブリックという言葉にぶつかるはずです。ルブリックとは、祈祷書の礼式本文の間に挟まって小さな文字で書かれている部分を言います。ルブリックの原語はラテン語の「赤い」という意味の「ruber」で、そこから英語になって「赤い字で書かれたもの」を意味し、祈祷書の本文の間に赤い小文字で書き込まれた注意書きのことです。

　日本聖公会祈祷書では、色は付いていませんが、本文より小さな字で書き込んであるのがそれです。海外の聖公会の例を見ますと、英国聖公会の祈祷書は青い小文字を、米国聖公会は黒の小文字、カナダ聖公会では赤い小文字を使っています。どの場合でも本文より小さな文字を用い、誰にもすぐに分かるような工夫がされています。

　通常、ルブリックを指して、私たちは日本語の訳語を用いていません。それはルブリックにはいくつかの内容があり、そのどれをも含むような便利な日本語がないためです。

　祈祷書を開いて特に小文字で書かれている部分に注目してください。現行の日本聖公会祈祷書は、礼拝の意味を簡単に述べた部分、たとえば祈祷書 p.159〜160 に、聖餐式の各部分の説明があります。これらはルブリックではありません。これらを除いたものが伝統的に用いられてきたルブリックです。

ルブリックを仮に日本語にするとすれば、「礼拝執行規定」と言ったらよいでしょうか。礼拝を行う上で必要な指示を与えています。しかし、ルブリックは直接礼拝執行についてだけ述べているのではありません。さらに広い意味で礼拝を行う上でのさまざまな規定にも触れているのです。

　信徒の教会生活に重要で、しかも必要と思われるものを拾い出して、それらの説明を試みたいと思います。

ルブリックの規定の仕方

　ルブリックには大きく分けて四種類の内容があります。以下、特に聖餐式文を参照しながら具体例を上げてまいります。

　まず、ルブリックの規定の仕方を見てみましょう。

一、教会の公式な姿勢を示すもの

　例えば、「一同立つ。」「会衆は着席する。」「会衆はひざまずく。」「司祭は言う。」などのように、祈祷書が行うことを定めているもの。これは通常の状態で行うことが規定されているものです。

二、「しなければならない」という規定が定められているもの

　祈祷書 p.161 の最上段「司祭は…告げなければならない」その下の行、「陪餐(ばいさん)させてはならない」などで、言わば絶対の条件を示すものです。行うことが義務づけられている条件です。

三、「してもよい」という規定

たとえば、祈祷書 p.162、「聖歌を用いてもよい」などです。これは、礼拝の司式者が教会や会衆の状況を判断して、教区主教の許可を受けるか、あるいは自己の責任において聖歌等の使用に裁量を加えることができるものです。

このような場合、特に注意しなければならないのは、この規定を安易に解釈すると、式全体の統一を損なったり、式そのものを軽く扱ってしまうなどの欠陥が出てきてしまいます。この規定を採用するなら、十分な神学的理解と慎重な牧会的判断が必要です。

教区のすべての個教会の礼拝の責任を取り統括するのは教区主教であることは、すでに繰り返し述べてきたところですが、この規定の採用においても、礼拝の総責任者である教区主教の許可、少なくとも理解をいただくことは、責任を委任された司祭たちとしては当然の在り方でしょう。

よく、「してもよい」を「しなくともよい」と解釈して大幅な式の省略を試みたり、教会が公認していないものを入れたりする例が見られますが、これは注意を要することと考えられます。

以下、「する」、「しなければならない」「してもよい」を注意して見ましょう。

ルブリックの内容

現行日本聖公会祈祷書では、従来なかった解説を礼拝式本文に入る前に置いて、行われる礼拝の意義を述べて

います。神学的に申しますと、これらの解説は一つの神学的傾向を代表していますが、それは不正確という意味ではなく、聖公会の伝統においておおよそ承認されていることです。ただ、祈祷書という条件によって相当圧縮された解説ですから、祈祷書で述べられていることだけで十分とは言えません。私たち一人ひとりがさらに研究し学んでいくことが必要です。

　ルブリックの内容をおおざっぱに分けて四種類と考えましょう。以下の通りです。ここでは再び特に聖餐式のルブリックを参照していきます。その他の礼拝については、聖餐式で見られる規定に準じて理解していただければ十分と思います。

① 第一に上げられる内容は、信徒・聖職が礼拝を行う上での、具体的な行為を規定するものです。例えば、「一同立つ」「聖歌を用いてもよい」「会衆は着席する」「会衆はひざまずく」などです。立つ、着席する、ひざまずくなどはそれぞれ意味があって規定されているのですが、すべて「神の民の共同の行為としての礼拝」を表現するために定められました。

　行為において一致していることは、礼拝が単に理性的な事柄を超えて、全人格を用いての神への感謝と賛美を表すことを思い起こさせます。特にルブリックには「聖歌を共に歌う」という規定はありませんが、「聖歌を歌う」という時にも、それは共同体の業として全員が参加することが自明のこととされています。特にユーカリスト(聖餐式)の場合には、この共同性は重要な礼拝の要素ですから、礼拝に参加する者の一体性の表現を規定するルブ

リックには注意したいものです。

②　第二に挙げられる内容は、特に司式者に関するものです。この部分は誰がするのか、が明確に規定されています。たとえば、「司式者」とあった時には、「その礼拝を司式する責任者は」という意味で、時には主教であり、司祭であり、執事であり、信徒であったりします。一つの礼拝の司式者となりうる人は前提として決められていますから、それに従うことになります。聖餐式の司式者は主教（教区主教）及び司祭です。従って聖餐式の中で「司式者」とあれば、当然それは「司祭・主教」を指すことになります。

「司祭は言う」あるいは「司式者は言う」、または「司祭はしてもよい」「司式者はしてもよい」という規定がたくさん出てきますが、これらは「司祭・司式者」の裁量に任されているという意味です。礼拝執行の責任者は「主教・司祭」ですから、「主教」は独自の判断で、「司祭」は教区主教の意図を汲み、さらに状況に対する独自の判断によって「するか、しないか」を決定する権限と責任を持っているのです。

今世紀に入って、「信徒の礼拝参加」が大きく謳(うた)われるようになりました。教会の礼拝が基本的にキリストの体である教会共同体、信仰共同体の業ですから、信徒の参加は当然のことです。しかし、ことに聖餐式の司式者である主教・司祭は礼拝の執行に本質的な責任を取る者としての責任を果たさなければならないのも当然のことです。

実はここにある、「してもよい、用いてもよい」とい

う規定は、司式者である主教・司祭の責任を問うていると考えてよい重大なルブリックなのです。なぜなら、ある部分を用いるか用いないかによって、礼拝・聖餐式そのものの意味や性格が変わることもありうるからです。安易に「しなくてもよい、用いなくてもよい」と解釈するのは、共同体の在り方にとって極めて危険と言えましょう。

③　第三に上げられる内容は、礼拝を行う上で必要な教会暦の用い方です。日本聖公会祈祷書は教会暦の重要性を十分に理解して、祈祷書の p.1 にまず教会暦を置いています。すべての礼拝は多かれ少なかれ、教会暦に支配されていると言ってよいでしょう。

　牧会的礼拝（パストラル）、例えば、結婚式、葬送式などのような種類を別にすると、すべての礼拝は教会暦によって行われると言ってよいのです。その特定の日には「当日の特祷を用いる、唱える」「ここで定められた詩編を用いる」などの規定がそれです。また、大栄光の歌やニケヤ信経(しんきょう)のように、唱える時が教会暦によって指定されているものもあります。

　教会暦は私たちの信仰生活を秩序づけ、主イエスのご生涯のサイクルに私たちの生活のサイクルを重ね合わせる意味で、また、教会共同体の生活のサイクルを定める意味で重要な意義があります。年間を通して教会暦を守ることは、私たちが主イエスのご生涯を共にすることによって、時間の巡礼をしていると言ってよいでしょう。私たちの信仰生活の基準となる祈祷書、その中に含まれている諸式が、教会暦によって秩序立てられているのは

当然と言えましょう。

④　第四に挙げられる内容は、礼拝を行う上で、その前提として必要な私たちの生き方、及び姿勢を問うものです。さらに人生のさまざまな条件に当たって、信仰的に必要な「なすべきこと」についての規定です。中にはもちろん倫理的なものや罰則と思われるものもあります。いくつか例を挙げてみましょう。

祈祷書 p.160 の下から三行目から次のページにかけてのルブリックが、おそらく最も典型的な規定でしょう。ユーカリスト（聖餐式）に参加するためには予めこのような姿勢が必要だという厳しいものです。祈祷書 p.258、教会問答の始めに置かれたルブリック（コラム4、ルブリック p.254 参照）も大切です。さらに、祈祷書 p.267 にある規定は特に聖職と信徒、ことに教父母にとって重要な規定です。ここでは「導かなければならない」という義務規定がされていることに注意したいと思います。

また、祈祷書 p.323、「病人がある時は、司祭に通知しなければならない」などは、多くの人びとがつい見落とすルブリックではないでしょうか。この規定は実に重要です。これは教会が病人をどのように考えているかを示す規定と考えられるからです。

このような場合、司祭・牧師は直ちに病床を訪問するはずです。主イエスが私たちと常に共にいてくださることの表れがその訪問だからです。

ですから、「信徒が逝去(せいきょ)した時は、直ちに司祭に通知しなければならない」という規定もそうです。これは葬送式の準備のためではありません。逝去された信徒の死

の床に立って、その信徒の生涯を神にゆだねる働きは、司祭にとって最も重要な働きと考えてよいでしょう。

　教会の歴史において、ことにこの第四のルブリックは大切です。実は後に確立してくる教会法はこのような規定が発展してできたものだからです。

あとがき

第一版（1998年、初版）

　教役者(きょうえきしゃ)の一人として教会で働き始めてから何年経ったでしょうか。聖職按手(あんしゅ)をいただき、約束をしたことの中で、いつも頭から離れないことは、絶えず学ぶということでした。口で言うことは簡単でも、実際に実行する段になるとなかなか難しいことに早くから気がつきます。まとまった本の一冊も読み終わるのには大変な努力が必要であることに気づくのに時間は掛かりませんでした。

　私にとって最も強力な先生は、洗礼や堅信を受けようとする志願者の皆さん方でした。この方々から出される素朴な質問に何とか答えようと思うと、それらの質問が実は最も本質を突いたものであることに気づきます。質問者の意図に気づかず、まるで見当違いの答えをしてしまうこともしばしばでした。つまり私の独りよがりがこのような失敗を繰り返させたと言えるでしょう。それが私には良い学びの機会でした。

　本書を出すことができたのも、このようにたくさんの方々がたくさんの質問をしてくださったからなのです。その意味から申しますと、本書は皆さんとの会話記録といって良いかもしれません。

　本書はもちろん学術論文ではありません。無数の参考書（参考書の表に入れた書物はそのごく一部にしか過ぎません）も確かに読みましたが、実際の対話や会話にはとてもかなわないような気がします。教会の教えはこのようにして多くの先達によってなされた対話から成り

立っているのではないでしょうか。今、私はそのことを実感しているところです。

　一応書き終わってみて、まだまだ言い足りないこと、言っていないことが随分たくさんあることに気がついて、赤面する部分も少なくありません。しかし、もし皆さん方がここから出発して、さらにご自分の学びを深めていってくださればと、ちょっと開き直りのようですが、願っております。教会の先生方との間に、良い対話の機会、会話の材料としてくだされば望外の喜びです。

　本書がとにもかくにも、このような形で出版できたのも、以前勤務していた東京聖三一教会の皆さんの助力があったればこそです。また、現在勤務している聖アンデレ教会の皆さんにも、さまざまな示唆をいただきました。両教会の皆さんには感謝の言葉も言い尽くせません。

　出版に関わってくださった皆さん、そして読んでくださる皆さんに心から感謝を申し上げます。もし、本書によって教会への関心を深めてくださるなら、それは私への神様の大きなお恵みと感謝いたします。もし、誤りや見当違いがあれば、それはみな私の欠けたところです。神様のお恵みとお助けによって、私の欠けたところが皆さんによって満たされるなら、これもまた大きな神様の恵みのお働きと感謝申し上げます。

1998 年 1 月

2003 年、第二版

　1998 年に発行した先の版が本人の知らないうちに売り切れとなったということを知らされました。同時に、これが欲しいという方々の声もうかがいました。

私はいささか躊躇（ちゅうちょ）いたしましたが、文章を直したり、必要と思われるものを書き加えたりして、改訂版を出版したいと考えました。幸い、多くの皆さんからご援助を受け、このたびこのような形で改訂版を出すことができました。ご協力いただいた方々には心から感謝申し上げます。

本書が多少なりとも、皆様のお役に立つことがあれば望外の幸せです。皆様のご批評などがうかがえれば感謝でございます。

2003年

2018年改定新版（本書）へのあとがき

振り返ってみると、本書を初めて出版してから、早くも20年以上の時が経過していることに驚きます。2002年に定年退職後、東京聖テモテ教会での嘱託（しょくたく）勤務を経て、完全退職後、ふと思いついて、本書を振り返って見ながら、本書がすでに完売されていることに思い至り、再版の可能性があるだろうかと考えてみました。

もし、本書を読んでくださる方がおられたとしたら、これは小生の日本聖公会とそこに生きている聖職・信徒の皆さんへの最後のメッセージになるのか、と期待しながら、増補版として、付加を加えながら出版することを決心しました。それがこの結果です。改めて手に取ってくださる方々がおられるとすれば感謝以外にはありません。

しかし、著者である本人にとっては、自分の信仰について再確認の機会となったことに気付くと、作業それ自身が感謝すべきことと深く感じ取ることができたのは望外の喜びでした。増補作業を行いながら、これまで20

年の信仰生活への反省の機会ともなりました。これもただただ感謝です。

　この20数年、日本聖公会には多くの変化がありました。最も重要で心に留めるべき変化・発展は、女性の司祭・主教への叙任が確定したことです。その結果、有能な女性たちが、すでに優れた働きを展開しておられるのを見ますと、心からの喜びを感じざるを得ません。この経過の中で、小生自身が制度確立のための委員会の責任者と指名されたことを光栄と受け取るとともに、日本聖公会の歴史の一端に直接関わることができた喜びをいまさらながら振り返っております。

　本書を出版するにあたって、本書の編集チームであるみつば舎（はるかぜ書房 キリスト教部門）の半田龍一郎さんとの、神学・教理の会話が大きく働いたことを覚えておきたいと思います。

　2018年1月

司祭　竹内 謙太郎

参考書として用いた書物

聖書　日本聖書協会版「新共同訳聖書」旧約聖書続編つき

The New English Bible with Apocrypha, Oxford University Press, Cambridge University Press 1970

舊新約全書　中国基督教協会・中国基督教三自愛国運動委員会　1989

The five Books of Moses, the Schocken Bible: Vol. 1, tr. Everette Fox Schoken Books

Michael Wise, et al. The Dead Sea Scrolls, Harper San Francisco, 1996

聖書思想辞典　三省堂　1973

The Oxford Dictionary of the Christian Church, Oxford University Press, 1997

日本キリスト教大事典　教文館　1988

キリスト教神学事典　教文館　1995

日本聖公会祈祷書　日本聖公会管区事務所　1990

日本聖公会祈祷書　日本聖公会教務院　1959

The Book of Common Prayer, The Church Hymnal Corporation, 1979

The Alternative Service Book, Clowes SPCK, CUP, 1980

Common Worship, SPCK, 2000

Companion to Common Worship, ed. Paul Bradshaw, SPCK, 2001

The Rites of the Catholic Church as revised by the Second Vatican Council, Study edition, A Pueblo Book, 1990

W. K. Lowther Clarke, Liturgy and Worship, SPCK, 1932

Massey Hamilton Shepherd, Jr., The Oxford American Prayer Book Commentary, OUP, 1955

R. C. D. Jasper and Paul F. Bradshaw, A Companion to the

Alternative Service Book, SPCK, 1986

Marion J. Hatchett, Commentary on the American Prayer Book, Seabury, 1981

R. C. D. Jasper, The Development of the Anglican Liturgy 1662-1980, SPCK, 1989

ed. Robert J. Miller, The Complete Gospels, Harper San Francisco,1994

Dennis G. Michino, A Priest's Handbook Second Edition, Morehouse-Barlow, 1983 ed

G. R. Evans and J. Robert Wright, The Anglican Tradition, SPCK, 1991

ed. Colin O. Buchanan, Further Anglican Liturgies 1968-1975, SPCK, 1975

ed. Colin O. Buchanan, Latest Anglican Liturgies 1976-1984, 1985

Evelyn Underhill, Worship, Nisbet, rep. 1951

Saint Augustine, The City of God, tr. Marcus Dods, Hafner Publishing Co., 1948

The Report of the Archbishops' Group on The Episcopate, Church Publishing House, 1990

The Report of the Archbishops' Commission on Cathedrals Heritage & Renewal, Church Publishing House, 1994

The Report of the Archbishops' Commission on the Church of England Working as One Body, Church Publishing House, 1995

ed. Roger Coleman Resolutions of the Twelve Lambeth Conferences, Anglican Book Centre, 1992

Lewis Munford The Condition of Man, Harcourt, Brace and Company, 1944

Lewis Munford, The Culture of Cities, Harcourt, Brace & World, Inc., 1938

Lewis Munford, The City in History, Harcourt, Brace & World, Inc., 1961

Lewis Munford, The Transformations of Man, Harper Torchbooks, 1972

Etienne Trocme, The Passion as Liturgy, SCM Press Ltd., 1983

M. C. D'Arcy, The Mind and Heart of Love, Henryholt and Company, 1947

Charles Williams, He Came Down From Heaven, Faber and Faber, 1950

Charles Williams, The Descent of the Dove, Faber and Faber, 1939

Charles Williams, The Figure of Beatrice, Faber and Faber, 1943

Charles Norris Cochrane, Christianity and Classical Culture, OUP, 1944

Gregory Dix, The Shape of the Liturgy, Dacre Press, 1945

Lidia Storoni Mazaolani, The Idea of the City in Roman Thought, Indiana University Press, 1967

Dante, The Divine Comedy, tr. Dorothy L. Sayers, Penguin Books, 1949

The Venerable Bede, Historia Ecclesiastica Gentis Anglorum, ed. Charles Plummer, OUP, 1896

ed. Gerald Bonner, Famulus Christi, SPCK, 1976

M. L. W. Laistner, The Intelectual Heritage of the Early Middle Ages, Octagon Books, 1972

フュステル・ド・クーランジュ　古代都市　田辺貞之助訳　白水社　1961

ホイジンガ 中世の秋 堀越孝一訳 中央公論社 1971

Michael Perham, Lively Sacrifice, SPCK, 1992

Michael Perham, Welcoming the Light of Christ, SPCK, 1991

Michael Perham, Liturgy for a New Century, SPCK, 1991

Michael Perham, Liturgy Pastoral and Parochial, SPCK, 1984

Paul F. Bradshaw, The Search for the Origins of Christian Worship, 2nd ed. OUP, 2002

Edward Foley, From Age To Age, Archdiocese of Chicago: Liturgy Training Publication, 1991

ヘルムート・ケスター　新しい新約聖書概説・上下　井上大衛訳　新地書房　1989

Barbara Thoering, Jesus, the Man, Transworld Publishers, 1992

ed. Ofelia Ortega, Women's Visions, WCC, 1995

Sir Edwyn Hoskyns and Noel Davey, The Riddle of the New Testament, Faber, 1958

John V. Taylor, The Christlike God, SCM Press, 1992

Daniel C. Snell, Life in the Ancient Near East, Yale University Press, 1997

Michael Prestwich, Armies and Warfare in the Middle Ages, Yale University Press, 1996

聖公会用語解説

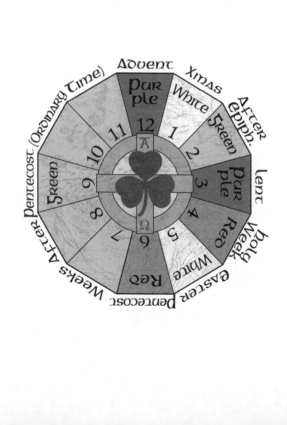

教会暦
Church Calendar

　教会は主イエス・キリストに関わる出来事を一年の暦とした独特の暦を持っています。私たちが主イエスの出来事を私たち自身の共通の体験とするためです。それはまた、主イエスが過去の出来事でなく、現在も生き生きと私たちの生きる現実であることを示しているのです。

　主イエスは常に私たちと共におられます。こうして、一年間を主イエスと、そして主イエスに忠実であった多くの聖人たちと共に生きようとするのです。主イエスは過去の方ではありません。常に現在生きておられるのです。

　さらに大切なことは、時間も神様がくださった大きな恵みであるという事実です。すべて私たちが過ごす時間を私たちのものとせず、神様にお捧げすることが重要な信仰行為です。お捧げするのは献金だけではありません。主日のみならず、主イエスに関わる多くの記念日を主にお捧げするのは大切なことです。これを「時の聖化」（The Sanctification of Time）と言います。

　ローマ帝国によるキリスト教会迫害が停止されるようになると、人々の中で、主イエスのご生涯を自らの生きる姿に投影し、主イエスと共に生きる、その生涯を共にするという信仰的姿勢が尊重されるようになります。

　それは直ちに主イエスのたどられた生涯の出来事を現在の世界に実現しようとする行為を導き出し、直接的に日々の生活をそのような方向に向け主イエスの出来事を再現しようとする行為を生み出し、直接的には暦日を主イエスの出来事に合わせようとする試みに移って行きました。

　教会暦とはまさにそのような目的のために編纂された特別

な暦であり、主イエスの出来事の再現の手立てでもあります。

　主イエスの誕生を待ち望む人々の願望が実現される道筋を表現する降誕日（クリスマス）に先立つ4週間を降臨節と定め、主イエスを待つ時とし、その間、私たちは主イエスのこの世界での使命について学びます。古くからの慣習として12月25日を降誕の時と定めるようになりました。この日から私たちは主イエスとともに、この世界での生きる意味とその在り方を自らのものとするように主イエスの道に自らを合わせていく方向性を身に着けようとします。ここから、主イエスのご生涯を辿り、宣教の旅を共にします。「主イエスの命名」「洗礼」「荒れ野での試み」「主イエスの顕現」「活動」「受難」「十字架」「死」「復活」「昇天」、という御生涯を共にします。

　引き続いて主イエスの約束されたように聖霊を弟子たちに与えられる「聖霊降臨日」を経て、キリスト教会の活動が開始される道筋を、私たちも歴史を超えてすべてのクリスチャンと共にします。

　主イエス・キリストのご生涯を共に辿った私たち一同は、主イエスの約束された聖霊を共に頂き、宣教の道に参加し、その道筋で私たちをその時々に激励するように、同じく宣教の道に励んだ先輩たちを、或いは先駆的な信仰の道を切り開いてくれた「先輩たち」「聖人たち」を記念する時を定めて、私たちの進むべき方向と果たすべき責任を実行するように励ましてくれます。教会暦の意味はそこにあります。

降臨節（アドベント）
こうりんせつ

　聖公会、ローマ・カトリック教会など西方教会の暦は、主イエスのご誕生を待つ4週間にわたる降臨節から始まります。降臨節の始め、教会は前夕（イブ）の礼拝で、その時が来たことを人びとに告げ知らせます。
ぜんゆう

　ユダヤ教、キリスト教、イスラムに共通する暦日の始まり

は日没です。一日は日没から次の日の日没までです。前夕の礼拝は、したがって祝日の始まりを意味し、その日の礼拝を始める意味もあるのです。そのようにして、前夕の礼拝は、重要な時を知らせ、準備の時として守られます。降臨節第一主日、被献日など主イエスの出来事には必ず、この特別な祈りの時が設けられるのです。

また、さらに重要な時、たとえば降誕日、復活日などには、深夜の礼拝（ヴィジル）が行われます。本来は夜半から夜明けにかけて徹夜で行われる礼拝です。この特別な礼拝は、特に信徒たちが一致して目的を立て、働きに参与しようとする大切な場合に行われます。

降誕日（クリスマス）、降誕節

12月25日は主イエスのご降誕を祝う、教会暦で最大の祝日の一つです。伝統的に、クリスマス・イブの夕の祈りに加えて、深夜・早朝・日中と3回の聖餐式が行われ、全信徒が礼拝に参加します。私たちの永遠の生命を約束される方の誕生日です。

主イエス命名の日

ユダヤ社会の伝統に従って、イエスが命名された時の記念日です。

顕現日、顕現節

「東方の三博士の訪問」（マタイによる福音書 第2章1～11節）を記念する1月6日の顕現日から始まるこの季節では、主イエスがユダヤ人たちのためだけでなく、全世界の人びとのためにこの世界においでになったことが宣言されます。

被献日（キャンドルマス）

2月2日、被献日を祝います。主イエスが誕生後の感謝と

用語解説－教会暦　　273

してエルサレム神殿に捧げられたユダヤ教伝統の式（ルカによる福音書 第2章22〜35)です。世の光である主イエスを讃えます。

大斎節（レント）

顕現節が終わると大斎節に入ります。大斎節は復活日の前40日間守られる主への復活への準備の期間です。古代の習慣では、年間を通して洗礼は復活日だけで行われましたが、大斎節は洗礼準備の期間という意味がありました。洗礼志願者は共同生活のうちに、40日間にわたるイエスの荒れ野での断食苦行（マタイによる福音書 第4章1〜11節、ルカによる福音書 第4章1〜12節）に倣って、祈りと断食あるいは肉などを断つ節食（斎）をもってその準備を行いました。さらに、この洗礼準備に教会全体が参加するようになり、大斎節の期間は教会全体が祈りと断食・斎を行う期間とされるようになりました。

大斎始日／灰の水曜日

復活日からさかのぼって日曜日を除いた40日前の水曜日を「大斎始日／灰の水曜日」と呼び、大斎節がスタートします。この日は特に、断食、あるいは一日一食の肉類を除いた粗食のみを摂ることが勧められています。

前の年の復活前主日に用いたしゅろの葉を灰にして、それで人びとの額に十字の印をして、私たちが被造物であることを再認識します。私たちは神ではないことを知らされます。

「あなたはちりから生まれたのだから、ちりに帰るべきことを記憶しなさい」という言葉が一人ひとりに言われますが、ここに人間の本質が語られているのです。私たちが造るのではなく、造られた存在であること、私たちは何一つ造ったことはないことを強く思い起こさせるのです。

生命は神様によってのみ与えられるのです。私たちは自分の生命すら作ったことはありません。ここに立つことによって、私たちは生命の源である主の復活の意味をようやく悟る

ことができるでしょう。

聖週（せいしゅう）

　復活日直前の一週間を聖週と呼び、教会暦の中でも最も重要な礼拝の時とされています。

　復活前主日は「しゅろの主日／枝の主日」と呼ばれ、主イエスのエルサレム入城（マタイによる福音書 第21章1〜9節、マルコによる福音書 第11章1〜10節、ルカによる福音書 第19章28〜38節、ヨハネによる福音書 第12章12〜15節）を記念します。あの時の人びとと共に、私たちもしゅろの葉を振って、主イエスを救い主として賛美（さんび）し、迎えます。

　福音書朗読では、主イエスの受難（じゅなん）の箇所を、司祭がイエス役・特定の信徒が特定人物役・その他の会衆が群衆役、という具合に役分けして、劇のように朗読します。

聖なる三日間

　聖週の木曜日から土曜日までを「聖なる三日間」と呼んで、復活を迎える重要な礼拝が行われる特別な日としています。それぞれ「聖木曜日」、「聖金曜日／受苦日（じゅくび）」、「聖土曜日」と呼ばれます。

聖木曜日

　主教を中心とした司祭団は、司祭の誓約の更新を行います。司祭団の一致と使命への結束、主イエスへの忠実を再確認します。

　同時に、主教・司祭職に必要な聖油の祝別（しゅくべつ）がなされます。病人の按手（あんしゅ）・塗油（とゆ）、洗礼・堅信の祝福、そして聖職按手のための油です。主教によって祝別された聖油は各司祭に配られ、次の年の聖木曜日まで用います。

　聖木曜日は、聖餐式の制定という重要な記念日でもあります。主イエスは受難の前夕に、12人の弟子たちと共に「最

用語解説－教会暦

後の晩餐」をなさいました。これが聖餐式の始まりです。

最後の晩餐で、主イエスは弟子たちの足を洗い、「互いに足を洗い合いなさい」と教え、身を低くして人に仕えるという使命の模範を示されました (p.157)。これに倣って、司祭が信徒の足を洗うのが、洗足の典礼です。現在、この典礼を行う教会が増えてきました。この世に仕える教会を最も端的に、しかも印象深く表現する、美しい典礼です。

聖金曜日／受苦日

受苦日は、主イエスが十字架にかけられた「受難」の記念日です。年間を通して、教会の礼拝の中で最も厳粛な思いが満ち溢れると言ってよいでしょう。大斎始日とともに、この日も特に、断食または節食が勧められています。

聖公会では、正午から3時間、聖書の朗読と黙想、詩編の交唱、説教によって組み立てられた受苦日礼拝を行う習慣があります。様々な礼拝の伝統の中でも、ユニークで貴重な伝統です。

また、この日には、主イエスがこの世を去られたことを象徴して、十字架崇敬と呼ばれる特別な礼拝も伝統の中にあります。この礼拝の後には、礼拝堂の中にあるすべての装飾が取り除かれ、主イエスが私たちから離れられた寂しさを表現します。この礼拝がもっと身近に行われるようになると、私たちの礼拝もさらに豊かになるでしょう。

聖土曜日

聖金曜日の夕の礼拝の後、この日は日没まで、全ての教会・修道院で日々の礼拝を行わず、沈黙のうちに過ごします。

そして、主イエスの復活を祝う「復活のヴィジル」は、この日の夜から始められます。教会暦による一日の始まりは日没だからです。

復活日（イースター）

　復活日はキリストの教会最大の祝日です。キリスト教は主イエスの復活を土台として成立しています。すべての存在は神様によって創造されました。それは神様が生命あるものの根源であることを示しています。

　神様は生命そのものです。神様はその生命によって、世界とその中に存在するすべての被造物に祝福を与えられるのです。神様の祝福によって、初めて生きるという事実を与えられ、その喜びをいただけるのです。私たち自身だけでは生きることも始まらなければ、生きることの喜びをいただくこともできないのです。

　私たちの生きる喜びは、ここにその根拠があります。そしてその生きる根拠によって、私たちの生命は、神様が決して絶えることのない存在であるように、その生命も絶えることはないのです。永遠なのです。

　復活の事実は、神様の生命の永遠性とそれをいただいている私たちの生命の永遠性を表す事実です。単なる奇跡ではありません。存在の事実といっても良いと思います。同時それは、私たちが神様によって生きる者とされていることの現われだからです。

　私たちが生かされている事実を、「神様の愛のみ業（わざ）」と言います。私たちは皆、その愛の実践者となるよう導かれています。十字架によって示された神の愛は私たちもまた進む道です。そうして私たちは、主イエスと共に復活という永遠の生命の道を進むのです。

・新火（しんか）と香

　復活のヴィジル（深夜の礼拝）では、ろうそくの祝別（しゅくべつ）で礼拝が開始されます。生命の象徴である火がろうそくに点火され、新たな生命の現れである復活を象徴します。

　そして、復活の奥義（おうぎ）が旧約聖書の預言書（よげんしょ）（イザヤ書 第53章 他）

の朗読によって宣言されます。

・**復活のろうそく**

新火をともす、十字架が描かれた太いろうそくは、主イエスのご復活と臨在(りんざい)を示します。このろうそくは年間を通して各教会に安置され、さまざまな機会と礼拝に、主イエスのご臨在を示してくれます。

・**洗礼、堅信式(けんしんしき)**

古来、洗礼は年一回この復活日の最初の礼拝で行われました。そこで洗礼盤と洗礼の水が祝別されます。

洗礼に引き続いて、教区主教は洗礼を受けた人に堅信式を行います。信徒の使命が確認され、福音を宣(の)べ伝えるために世界に派遣されることを現します。

そして聖餐式が行われ、礼拝が完了するのです。

復活節(ふっかつせつ)

復活日から数えて50日目の聖霊降臨日までを復活節として、主の復活を祝う季節です。

昇天日(しょうてんび)

復活祭から数えて40日目の木曜日は、復活された主イエスが天に昇って行かれたこと(使徒言行録 第1章1~11節 他)の記念日です。その後の日曜日は昇天主日として祝います。

聖霊降臨日(せいれいこうりんび)(ペンテコステ)

主イエスの約束されたように、主イエスの導きを継続される聖霊なる神の降臨が実現し、弟子たちが新たな勇気を得て、福音(ふくいん)宣教に出発することとなった、キリスト教会の歴史上もっとも重要な記念日の一つです。この日をもって「キリスト教会の誕生日」とする人も多数存在します。

ペンテコステとは「50日」を意味し、過ぎ越しの日、すなわちキリスト教にとっては主イエスの死と復活の時から50日後を意味しています。

復活日、降誕日と並んで重要な三大祝日です。

聖霊降臨後の節

この季節は降臨節まで長く続き、この間の主日は「聖霊降臨後第○主日」という数え方をします。教会の働きと人びとの信仰が励まされる大切な時です。この間、私たちは聖霊によって私たちが動かされ、信仰が励まされ、他者のために働くという教会の基本的な使命が実践されるのです。

三位一体主日(さんいいったいしゅじつ)

キリスト教会、特に西方教会の信仰的伝統に基づく記念日で、神の人間との関わり合いを表現する姿の表現です。創造の主としての父である神、主イエスによって表現される人と共に歩む子としての神、人の力の基としての神の力と働きを示す聖霊としての神、それらが一体となって被造物(ひぞうぶつ)と直面するその姿を表現します。日付は復活日と連動して移動します。

主イエス変容(へんよう)の日

8月6日に祝う、主イエスが初めて彼の働きの本質を示されたことの記念日です。

諸聖徒日(しょせいとび)

11月1日に祝う、信仰的な模範(もはん)を残した多くの先駆的なクリスチャンを記憶する記念日です。

祭色
Liturgical Colors

　教会暦と礼拝の目的によって、聖職者の祭服や祭壇・説教壇のクロスなどの色に変化があります。これらの色彩を祭色と言います。かつては、白、赤、緑、紫、黒の五色が用いられていましたが、黒はもう用いられなくなりました。礼拝はすべて神様の恵みに対する感謝と賛美の集いであることの強調が、現在の礼拝に対する教会の一般的な理解だからです。黒色はあたかも感謝と賛美を否定するかのように用いられてきたからです。

白（White）

　「清らかさ」や「喜び」を表す色として、おもに主イエスに関する祝日を始めとして、喜びを表現しようとする季節や機会に用いられます。また、葬送式においても、人の死、復活、神の国への私たちの思いを表して、白が祭色として用いられるようになりました。かつて祭色として黒が用いられましたが、死は決して絶望でなく、むしろ、新たな国への出発の時と捉えるからでしょう。

赤（Red）

　古くから殉教者の「血」と「情熱」の色として、また、「聖霊の炎」の色として用いられてきました。私たちが聖霊に導かれて決心を固めて一歩を踏み出すような機会、たとえば聖職按手式などのような場合にも、聖霊の働きを示す赤が祭色となります。かつて黒が用いられた、主イエスの受難を記念する「聖週」の季節でも、現在赤が普通に用いられるようになりました。

緑（Green）

 この色は、いわば通常の色として、年間にわたって広く用いられています。「成長」と「発展」がこの色の示す意味です。

紫（Purple）

 紫は、古代社会では王権を示す色でした。それがどのような経緯で変化したのかは定かでありませんが、紫は暗い感じを見せるということで、現在のような「慎み」を表現するようになったのではないかと思われます。降臨節と大斎節が紫の季節です。

 英国聖公会の伝統では、降臨節には水色を使う習慣があります。水色や青は聖母マリアの色として用いられ、聖母の記念の祝日に祭色として用いられてきました。主イエスのご降誕を待ち望む降臨節という季節は、イエスを胎に宿された聖母マリアの季節でもあるということで、降臨節に水色が使われるようになりました。

 祭色は以上の4色ですが、最近の傾向としては、定まった色への関心が薄れて、地方的、文化的などの特別なデザインによって祭服が製作されるようにもなり、まるで虹色のような華やかな色彩も多く見られるようになりました。こうなると、伝統的な色の意味は問われなくなります。しかし、このような傾向も、人びとの生活や文化の特徴を神様に捧げようとする信仰的な業として重要な意味があります。

聖奠（サクラメント）
Sacraments

聖奠とは、日本聖公会祈祷書の教会問答（問14、本書 p.115 も参照）によれば、「目に見えない神の恵みを表す目に見えるしるし」と規定しています。聖公会は、私たちが神様の救いの約束を明らかにするのに必要な聖奠は洗礼と聖餐である、としています。同時に、以下にあげたような合計七つの聖奠が教会にとって伝統的に守られてきました。

ユダヤ・キリスト教的伝統において、「目に見える」ということは非常に大切なこととされています。この考え方は新約聖書でも「信仰による業」という表現で強調されています。私たちが礼拝を考える時にこれらの聖奠を見落としてはなりません。実際、礼拝はこれら聖奠を行うことによって、そのさまざまな形式も整備されてきたからです。礼拝の中心は同時に聖奠の中心でもあります。聖餐式がそれです。ですから、これらの聖奠も聖餐式と離れて行われることはありません。

洗礼 (Baptism)

信徒となり、主イエスと共に生き、働こうとする時、洗礼を受けることによってその意志を明らかにし、その意志の実行を神様と教会全体に約束するのです。その約束を守ろうとすることが信仰生活であり、信仰そのものなのです。キリスト教会はこのような人びとによって成り立っています。このような決心と信仰のある人びとは誰でも洗礼を受けることができます。

家族が一丸となって主イエスと共に生きようとすれば、新たに生まれた幼児も教父母（Godpearents）の助けを得て洗礼を受けます。家族は小さな信仰共同体の始まりと言えるでしょう。

主教または司祭による洗礼式を受けることが原則ですが、「(教名) 父と子と聖霊のみ名によってあなたに洗礼を授けます　アーメン」という言葉を用いて水を頭にかけるならば、洗礼は文字通り誰でも行うことができます（緊急洗礼）。その場合、速やかに教会に報告するよう定められています。

聖餐（Holy Communion, Eucharist）

使徒たちからの継承による主教の本質的な任務が、聖餐式の主宰です。しかし、主教は、自らが率いる司祭団にその責任を委任することができます。司祭はどこにいても、自分にその責任を委任した主教と共に聖餐式の主宰をします。

聖奠的諸式
Sacramental

堅信（Confirmation）

洗礼を受けた人びとは主教による祈りによって、教会のさまざまな奉仕職に参加するために派遣されます。

堅信（Confirmation）とは直訳すると「確認」という意味で、人びとの信仰が確認され、世界での奉仕に派遣されるのにふさわしい者として司祭団が推薦し、主教が確認して送り出すことを意味します。そうして、私たちは教会の手足となってこの世に仕えるのです。

基本的に教区主教による派遣式の性格を持ちますから、主教が行う聖奠です。

聖職按手（Ordination）

聖職按手の重要性については、本文の問30〜31（p.190〜）を参照してください。たびたび触れてきているように、聖職者は信徒に対して、社会全体に対して、まず、教会の働き、すなわち主キリストの臨在を明らかにする働きと責任を背

負っています。この働きの重要性は言うまでもありませんが、教会が使徒時代から継承してきた教会の本質ともいえる問題です。聖職者は信徒と共に、教会という主イエス・キリストの体を秩序づけ、主イエスから与えられた働きと責任を果たしていくのです。

聖職按手(あんしゅ)は、その責任を背負うのにふさわしい人びとを、教会全体の賛同と祝福を得て、按手という旧約聖書以来伝えられた委任の所作(しょさ)によって人びとに示すのです。

聖婚(せいこん) (Holy Matrimony)

教会における結婚式のことです。キリスト教会においてはサクラメントという信仰における重要な行為が定められています。洗礼、聖餐(せいさん)という二つの聖奠(せいてん)(目に見えない恵みの目に見えるしるし)がそれらです。同時にさらに五つの聖奠的とされる恵みの印が歴史的に保持されています。堅信、告解(こっかい)(個人懺悔)、聖職按手、塗油(とゆ)、そして婚姻(こんいん)です。聖婚は婚姻を指します。すなわち結婚は「目に見えない神の恵みを与える目に見えるしるし」とされているのです。神の救いが与えられる道ですが、その中で堅信以下の5つを除いた洗礼と聖餐は必須のものであるとされます。この二つなしには神からの救いの道はないと解されています。

個人懺悔(ざんげ) (Confession)

神によって救われた共同体に属する私たちは、神様の意思に従って生きることがその本旨です。しかし、私たちはしばしばその道を外れます。懺悔は私たちが自らの進むべき道とその方向性を修正する真剣な作業です。

日本聖公会では個人懺悔を行うことを信徒の義務とはしていませんが、懺悔を聞いていただく司祭を選んで定期的に実行するのは、私たちの霊性に大きな意味を持ちます。

個人懺悔を聞く司祭を聴罪司祭(ちょうざいしさい)(Confessor)と呼びます。

病人の按手及び塗油の諸式（Unction）

　油、ことにオリーブ油は、初代教会の頃の人びとにとっては、ほとんど万能薬と考えられていました（ヤコブの手紙 第5章14節）。教会はその意味を取り上げて、神様の癒しの恵みを表すしるしとしました。司祭は病者の要請によって、また、自身の判断によって、病者に対して塗油をします。

聖餐式(せいさんしき)
Holy Communion, Eucharist, Mass(Missa), Lord's Supper

最後の晩餐(ばんさん)(The Last Supper)

まず、聖餐式から始めたいと考えます。教会の礼拝の中核に聖餐式があります。英語ではその内容を示す多様な名称が用いられます。この礼拝は主イエス・キリストの最後の晩餐です。時間を超え、場所を超え、私たちにとって、あのエルサレムの晩餐の場面はいつも事実として起こっているのです。使徒たちが受けもった聖餐式の主宰(しゅさい)は、主教・司祭たちによって受け継がれ、今日までまさに教会全体の共同の信仰行為として、私たちの行う最も大切な祝いの集まりとなりました。

一致の行為 (The Action of Unity)

聖餐式の中で起こることは、私たちとイエスの一致、私たち同士の一致、全世界の教会の一致、そして全人類の一致です。私たちは、聖餐式がキリスト教という一宗教にだけ閉じこめられた宗教行為と考えないようにしましょう。全人類のためのものですから。すべての人びとが、聖餐式、すなわち神様の食事に招かれているのです。それを妨げるようなことがあったら、それが罪と言えることでしょう。

イエスの十字架の死と復活 (The Death and Resurrection)

聖餐式で私たちが記念するのは、イエス・キリストの死と復活です。イエスが時間と空間を超えて、私たち、全人類のために十字架にかかっておられること、そして復活の栄光、生命の永遠性を示してくださっていること、これが聖餐式で明らかにされることです。

初代教会の信徒たちは、この感謝と喜びの集まり(ユーカ

リスト、Eucharist）を欠かしませんでした。この集まりから「教会」が始まったのです。新約聖書に見られる「教会」の原語は、人びとの集まり、集会を意味する言葉です。共に祈り、み言葉を聞き、神様の食事を共にするために人びとが集まりました。最初は未だユダヤ教の一グループと考えられましたが、次第にユダヤ教から離れ、独自の集会を形成していくことになりました。この教会を現在では教会と名づけているのです。聖餐式に集まることが教会なのです。

礼拝が教会の基礎（Liturgy: a basic of the Church）

聖餐式をひたすら誠実に行う人びとの群(むれ)から、教会が生まれました。現在、私たちが持っている「教会を表すもの」のすべてが、礼拝を行っていくう中から起こりました。聖書、祈り、聖職位、教会法、神学、聖堂、音楽、何もかもです。ですから、礼拝（聖餐式）が衰(おとろ)えると教会が衰えるのです。教会が衰えれば、教会が目指す、すべての人びとを神様のもとに招くことはできなくなります。一緒に主の晩餐を味わうことはできなくなります。

詩編(しへん)と聖歌（Psalms and Hymns）

教会の礼拝のすべてに共通することですが、礼拝の中ではさまざまな音楽が用いられます。音楽はキリスト教の礼拝には不可欠と言えます。古代ユダヤ教の礼拝からの伝統を受け継いでいると考えられます。

キリスト教の礼拝では、特に何かの動作が行われている時に、その動作の意味を明らかにするような詩編(しへん)（旧約聖書に記された祈りの詩）や聖歌が歌われ、あるいはオルガンが奏楽されているのです。いま、何をしているのかが明確にされます。全体が一致して行動する入堂、退堂、聖書が朗読されるために朗読者と聖書が移動する際、献(ささ)げ物が卓上にもたらされる移動の時、陪餐(ばいさん)のために聖職者と陪餐者の移動が行わ

用語解説ー聖餐式　　287

れる時、聖卓が片付けられる祭具の移動の時、などです。

したがって、人や物が移動しているときに聖歌などが途切れることがあってはなりません。動き全体を意味と内容を含めて助けようとするのが音楽の役割だからです。

主宰者の所作 (Manual and other actions of President)

式中、司式者の動きに注意してください。祈祷書の字面（じづら）に没頭（ぼっとう）せず、しっかりと司式者に注目してください。行われているのは主イエス・キリストご自身による「あの」最後の晩餐なのです。主イエス・キリストを囲み、共に主の食事をいただく使徒たちの中に、私たちも招かれていることをしっかりと自覚しましょう。聖卓に注目することによって、私たちは時間と空間を超えて、主イエスと使徒たちとの一致を得るのです。

司式者は、聖別されたパンとぶどう酒の杯を高くかかげます。それは人びとが主イエスをはっきりと目にすることができるためです。それが救いのしるしだからです。

礼拝と祈祷書 (Liturgy and Prayer Book)

私たちの教会では、礼拝を行う時に祈祷書を用います。日本聖公会祈祷書です。祈祷書の中には、私たちの一生の信仰生活に必要な礼拝がすべて含まれています。これによって、私たちは信仰生活の基準を学びます。人間としてどのように生きるべきか、何をなすべきかを教えられます。

また、日本聖公会が今、この時に何をしようとしているか、世界に向かって何を主張しているかを知ることができます。毎日の、毎週の聖餐式で、私たちはこのように大切な教会の働きに参加することになるのです。

祈祷書は単なる礼拝の式次第ではありません。私たち自身の信仰告白そのものでもあります。祈祷書の内容を恣意的（しいてき）に変更することはできません。変更には教会全体の賛成を必要

とします。さまざまな考え方が祈祷書の内容に加えられるようになりましたが、そのような変更も祈祷書の性格から考えても、個別のものでなく全体の同意を必要とする重要な課題となります。祈祷書は私たちの信仰の基準を示していると考えているからです。

改めて礼拝を大切に

ですから、礼拝（聖餐式）は私たち自身にとって、人間として生きていく上で、最も大切なことと言えるでしょう。もう一度、私たちの礼拝生活を見直してみましょう。この一冊で見直すきっかけができればと願います。

では、以下、聖餐式を中心に、礼拝がどのような展開をしているかをたどってみましょう。日本聖公会祈祷書と共にご覧ください。

聖餐式の流れ
The Order of Holy Communion

　人びとが聖堂に集まります。司式の責任を持つ司祭も準備の祈りに入ります。司祭は毎回司式をするたびに、「これが私の生涯で最初の、そして最後の、また、ただ一度の聖餐式の司式です」と心に深く刻みつつ準備をします。人びとは司祭のために祈ると共に、真の主宰者、主の食卓の主人である主イエスが共においでになることを黙想(もくそう)します。

1．点灯 (Lightning)
　礼拝奉仕者が、祭壇のろうそくに火をともします。この場の主人が、「世の光」(ヨハネによる福音書 第8章12節) 主イエスであることを示します。

2．参入 (Entrance)
　主イエスのお招きに応(こた)え、聖職と礼拝奉仕者の一団が順序に従って入堂し、聖なる食卓に着くために与えられた場所に参ります。入堂聖歌などの聖歌と共に、主イエス様を賛美(さんび)して、共においでになることを感謝します。

・キリエ (Kyrie)
　「キリエ・エレイソン」(Kyrie eleison) とは、「主よ、憐れみを」と唱える、或いは叫ぶギリシャ語で、古代ギリシャでは凱旋(がいせん)将軍を迎える時の民衆の歓呼の叫びでした。これには凱旋将軍からの戦利品の分け前を要求する意味も含まれていました。

・大栄光の歌 (グロリア Gloria)
　キリエをさらに強調し、主イエス・キリストを世界の支配

者と讃え、神の意志の実現を喜び、信仰者たちへの特別な恩恵を感謝する賛美(さんび)の歌です。冒頭の「いと高きところには神に栄光、地にはみ心にかなう人々に平和がありますように」は、荒野の羊飼いにイエスの降誕を告げ知らせる天使の歌声(ルカによる福音書 第2章14節)に由来し、メシアであるイエスの降誕を喜び祝福する意味も込められています。

3. 特祷(とくとう)(Collect)

主日に引き続く一週間、全員で分かち合う信仰的主題が、司式者によって唱えられます。

4. 旧約聖書(Old Testament)、使徒書(Epistle)の朗読

教会の伝統を学び、使徒たちの教えを聞きます。

5. 福音書(ふくいんしょ)(Gospel)朗読

一同起立し、昇階唱(しょうかいしょう)(Gradual)が歌われながら、「神のみことば」(ヨハネによる福音書 第1章1〜14節)である主イエスご自身の臨在(りんざい)を象徴(しょうちょう)する福音書が司式者の手によって高くかかげられ、聖職と礼拝奉仕者の一団が聖堂の中央に進み出ます。その後にいよいよ福音の宣言です。教会は、人類が救われた事実を世界に宣言し、さらにその事実を人びとに告げ知らせる責任を担(にな)う決意を新たにします。

6. 説教(Sermon, Preaching)

朗読された聖書に基づいて、教会が行う公式の福音宣言です。説教者は、教会全体を代表して世界にその決意を宣言し、教会が人びとのために何を実行するかを表明します。

当日に朗読する聖書の箇所(聖書日課)は、原則として祈祷書で定められているのですが、それは決して変更不可能というわけではありません。教区の主教の許可を受けて、各教会が現在最も深い関心をもつ主題、現状での教会の活動に最

もふさわしい主題の聖書箇所を選ぶこともできるのです。それによって、教会は何をなすべきかを信徒と聖職共通の課題として取り上げることができます。実際、説教はそのような課題への関わりと責任のあり方を語る時でもありましょう。

そして、その週間にされるべき教会の活動の内容を決める作業も行うことができるのです。ここでは、一連の学びと議論がされることによって、教会の協議がされているとも言えます。聖餐式の持つ会議性です。初代教会ではこのような作業が毎週の主日に行われていたのではないでしょうか。福音に仕えることの具体性です。

7．ニケヤ信経（Nicene Creed）

私たちはそこで説教後、ニケヤ信経を唱和して、信仰による働きへの決心と、私たちに働きの模範を示された主イエス・キリストへの献身を宣言します。

8．代祷（Intercession）

教会という集会において、参加者は、教会が他の全ての人びとのために祈るという重要な原則を繰り返し意識しようとします。代祷はその最も端的な表現でしょう。ここで私たちは、世界はすべて多くの人びととの分かち合いによって成り立っていることを知らされます。

9．懺悔と赦し（Confession and Absolution）

司式者と会衆が交互に、私たちがしっかりと神様に向かっているかを自己検証します。そして互いに一致して、神様にしっかりと目を向けることを確認し合います。

10．平和の挨拶（Rite of Peace）

一同心を込めて、互いに「主の平和」と言って挨拶を交わします。私たちが福音に仕えるのは個人の問題ではありませ

ん。私たちが一致して行動することが大切です。互いに目を見つめて、共に生きる者のきずなを確かめましょう。

11. 奉献（ほうけん）(Offertory)

聖餐に用いるパン（通常、ウェファー Wafer ／ホスチア Hostia という、円（まる）く薄い小麦の煎餅（せんべい））とぶどう酒、そして信施（しんせ）（感謝の献金）が、聖卓（せいたく）（祭壇の前に置かれた、聖餐のための卓（つくえ））の前に供え物として献（ささ）げられます。すべて私たちが手にする物は、互いに分かち合うために神様が私たちに与えてくださった賜物（たまもの）です。この世界に私たちが生み出したものは何もありません。すべて神様が創造されたのではありませんか。奉献によってその事実を明らかにするのです。

12. 感謝聖別 (Eucharistic Prayer)

私たちのすべてがここで神様の前に献げられ、主イエスと共にみ前に立ちます。そして、主イエスが今ここに臨在（りんざい）され、主イエスご自身による主の食卓への感謝の祈りをします。パンとぶどう酒が、主イエスの体と血であると宣言されます。

・聖なるかな（サンクトゥス Sanctus）

「聖なるかな」を三度唱え、感謝聖別への賛歌を意味します。「いと高きところにホサナ」と、後半の「ほめたたえよ、主のみ名によって来られる方を」は、イエスが受難の前にエルサレムに入城した時、民衆たちが叫んだ歓迎と賛美の言葉（マタイによる福音書 第21章1〜9節、マルコによる福音書 第11章1〜10節、ルカによる福音書 第19章28〜38節、ヨハネによる福音書 第12章12〜15節）に由来します。

13. 陪餐（ばいさん）(Communion)

一同、聖卓の前に進み出て、主の食事を共に与（あずか）り（陪餐（ばいさん））、主イエスご自身と一体となる恵みを拝領します。洗礼を受け

ていない方や初陪餐前の幼児は、祝福の祈りを受けます。

・主の祈り (Lord's Prayer)

マタイによる福音書 第6章9～13節および、ルカによる福音書 第11章2～4節に記されている、「神への祈りとは何か」についての主イエスの教えによる祈りの原則です（問12、p.98～参照）。

・神の小羊 (アニュス・デイ Agnus Dei)

主イエスの十字架上の犠牲を感謝・賛美する（イザヤ書 第53章7節、コリントの信徒への手紙 第一 第5章7節 他）とともに、再臨、すなわちイエスが再び到来することを待望する（ヨハネの黙示録 第7章17節、第19章9節 他）賛歌です。

14. 感謝の祈り (Prayer of Thanksgiving)

陪餐が終了すると、聖卓上の祭具が片付けられます。食事が終わりました。主の食事によって強められ、養われた私たちの派遣と出発の時です。食事への感謝を捧げ、主宰の聖職は全員を祝福して、派遣の言葉をもって人びとを世界に仕えるために送り出します。

15. 退出 (Departure for the World)

主イエスと共にした聖なる食事は終わりました。身も心も豊かにされ、人びとに神様の恵みを伝えるために、一同派遣（Sending out）されます。主イエスと共に、世界の人びとに仕えるために出発しましょう。主イエス・キリストと共に、信仰を分かち合う人びとと共に。

入堂の時と同様に、聖職と礼拝奉仕者の一団が退出し、ろうそくの火が消されます。

聖餐式の形
Patterns of the Service of Holy Communion

歴史的に、聖餐式を祝う形にはさまざまな変化がありました。初代教会では、主宰者は例外なく使徒、あるいはその後継者とされた主教でした。次第にその責任が長老・司祭に与えられるようになると、徐々に変化が現れるようになるのです。

ことに、中世の後半になると、修道院などですべての司祭が聖餐式の主宰をしなければならないという規則が定められるようになり、教会共同体の出来事というより司祭個人の務めという性格をもつようになりました。

現在私たちが経験している聖餐式の姿には、このような歴史的変化の影響を深く見ることができます。

・ロー・マス（Low Mass）

聖卓に仕える人数は最小です。主宰者（President）は司祭一人です。これに一人の侍者と一般の会衆で行われる聖餐式を言います。この場合は通常、祈祷書に「歌いまたは唱える」とある箇所（「キリエ」、「大栄光の歌」など）以外の式文は、歌ったり、節を付けて朗唱（Chanting）したりせず、普通に唱えます。一切歌わずに司式することもあります。

・唱詠司式、歌ミサ（Sung Mass）

これに加えて、全て（または多く）の式文に節を付けて歌うように朗唱する場合、唱詠司式、または歌ミサと習慣的に呼びます。この場合、香を用いることもできますが、それをSung Mass with Incence と呼びます。

この二つの形式を主教が主宰（Preside）する場合もあるでしょう。しかし、これはイレギュラーと考えてよいでしょ

う。主教の主宰は必ず司祭が参加しているというのが基本的なスタイルです。

司祭が主宰しながら、そこに主教が臨席している場合もあります。ここでは主教が式中の主教の部分を行い、他をすべて司祭に任せる形で行います。

・ハイ・マス（High Mass）、荘厳ミサ（Solemn High Mass）

主宰の主教、あるいは司祭を中心に、ディーコン（Deacon）、サブディーコン（Subdeacon）の三人で聖餐式の主宰を行う形式です。この場合には通常、式文を歌う（朗唱する）、香を用いるなどの礼拝上の習慣があります。そのような主宰の方法によって荘厳ミサという形式ともなります。

三人で主宰をするということは、決して奇をてらったり、ことを大げさにしたりするためではありません。聖餐式が本来参加する者すべての共同の行為、共同の食事の機会であることから、参加者全員がそれぞれ定められ、与えられた役割を果たすという共同の行為の具体化を表現しようとするのがその意図でした。一人でもできることを数人の人手を掛けることによって、事柄がみんなの関わるべきことである実感を感じ取ろうとするのです。

このことを重んじて、最近特に推奨される形式である共同司式（Concelebrating）は、主宰の主教あるいは司祭を中心に、参加している司祭全員による共同主宰の形式です。ハイ・マスのようにディーコン、サブディーコンといった役割の区別はなく、参加する司祭たちはすべて中心の主教・司祭と同等に聖餐式の主宰に参加するのです。これによって、聖餐式がまさに私たちすべての信徒、聖職の共同の行為であることが示されるでしょう。

祭具
Liturgical Vessels

　祭具の大半は聖餐式に用いられるものでしょう。聖餐式は基本的には食事ですから、ここでは祭具といっても食器と呼ぶべきものです。それらは金属製、陶磁器製、繊維製、ガラス製などです。どれについても、こうでなければならないというものはありません。

聖杯（チャリス Chalice）、聖皿（パテン Paten）

　聖餐式で、主イエスの体と血とされるパンとぶどう酒を入れるために用います。普通金属製ですが、最近は陶器製のものも多くなりました。

祈祷書台（Missal Stand）

　聖卓の上に置き、用いる祈祷書をのせます。クッションのようなピロウ（Pillow）を用いる教会もあります。

クリーデンス・テーブル（Credence Table）

　聖餐式に必要な祭具を用意しておく小テーブルで、祭壇の近くに置きます。

クルーエット（Cruets）

　聖餐式に用いるぶどう酒と水を用意する金属製かガラス製の容器です。一対のものを用います。

シボリウム／ブレッド・ボックス（Ciborium, Bread Box）

　聖餐式で用いるパン（ウェファー）を用意するための容器です。

ラヴァボ・ボウル（Lavabo Bowl）
ラヴァボ・タオル（Lavabo Towel）
　聖餐式の主宰者が式中に手指を洗うためのボウルと、指を拭うためのタオルです。

ピューリフィケーター（Purificator）
　チャリスと共に準備し、チャリスを拭き清めるために用いる布です。

コーポラル（Corporal）
　聖卓の上に広げ、聖餐式の「感謝聖別の祈り」（Eucharistic Prayer）の際にチャリスとパテンをのせるための正方形の白布です。

チャリス・ヴェール（Chalice Veil）
　司祭・主教の着る聖餐式の祭服と同じ材質とデザイン・祭色でできている正方形の布で、準備したチャリスとパテンの上に掛け、全体のカバーとするものです。

ポール（Pall）
　聖餐式が行われる際、チャリスとパテンの上にのせる正方形の布製の板で、チャリスにほこりが入らないようにするカバーの一種です。

バース（Burse）
　バースは頭陀袋の意味で、元々は聖職者が旅行する時などに必要な日用品を入れ、首に掛けて用いるものです。聖餐式の際には、コーポラルをたたんで、二枚の板を一辺で閉じた形のバースにはさんで持ち運びます。

タバナクル（Tabernacle）

オーンブリー（Aumbry）とも言います。シボリウムに入れた聖別されたパン（聖体）を保存する、金庫のような形の容器です。木製、金属性など装飾された美しいものが多くみられます。

タバナクル・ランプ（Sanctuary Lamp）

タバナクルの近くに置くか、天井から下げるかして、タバナクルに聖体が保存されていることを示すためのランプです。

献金袋（Alms Bag）、献金皿（Alms Basin）

礼拝中、献金を捧げるときに用いる袋、あるいは皿です。

燭台（Candle Stand）

キリスト教の礼拝で灯火は重要な位置を占めています。初代教会の礼拝は、当時の暦で一日の始めとされる日没を基準として行われました。礼拝が行われるのは多くの場合夜でしたから、灯火は必須でした。そこで礼拝には燭台が必ず登場します。礼拝所の必要な場所に、多数の燭台が置かれました。

現在では礼拝が昼に行われることのほうが多いので、灯火は必ずしも実際的に必要とはいえません。しかし、礼拝の伝統として、灯火（ろうそく）は必ず用いられるのです。礼拝の中心である主イエスが、「まことの光」、「世の光」（ヨハネによる福音書 第1章9節, 8章12節）、「光よりの光」（ニケヤ信経）であるという意味から、灯火は必須のものとなりました。

また同時に、初代教会と現在の教会との間の歴史的連続性を表し、それによって、初代教会から中世に、中世から近世、そして現在にいたるまで、礼拝に参加する人びとが時間を超えて共通の信仰体験を共有することを表現しているのです。

香炉（Censor）、香入れ（Incense Boat）

ユダヤ教、キリスト教に限らず、古代宗教では香が礼拝における重要な要素として用いられました。香はその香りによって、礼拝に参加する人びとの心を穏やかにし、集中させ、さらに快い香りによって神様との交わりを思わせることにもなります。

現在と違って、古い時代には多くの礼拝参加者たちは必ずしも清潔な人びとだけではありませんでした。そこで感じられる不快な臭気を取り除くことも大切なことと考えられていたのです。

キリスト教では、おもに、手持ちの振り香炉を用います。

病床聖餐用祭具（Communion Set for the Sick）

司祭が病院や信徒の自宅で聖餐式を行うために用意された祭具で、チャリス・パテンなどの祭具一式がセットになっているものです。信徒の要請があった時には、司祭はこれを持参して聖餐式を行います。あるいは、緊急の場合などにはピックス（Pyx）に聖別したパンだけを入れて持参する場合、また、聖別したパンとぶどう酒を入れるヴィアティクム（Viaticum）を持参する場合もあります。

聖餐をいただくことは、私たちの生命の問題です。聖職者はとりわけ、信徒がキリストの生命に結びつけられるための聖餐に対して熱心でなければなりません。

聖油入れ（Oil Stock）

病者に塗油を行うため、洗礼・堅信の際に受洗者に祝福を与えるため、聖職按手に与る者の聖別のため、と、聖油には3つの用途がありますが、これらは聖木曜日の典礼で主教によって聖別され、年間を通して保存され、用いられます。この容器は聖油を保存するためと持ち運ぶために用いられます。

行列用十字架 (Processional Cross)

　行列はキリスト教典礼において重要な意味づけがあります。それは、明確な目的をもって教会が前進していくこと、主イエスが人びとを率いて神に向かって絶え間なく前進しておられることを、さまざまな条件の中で表現しているからです。

　入堂、退堂などの際の典礼的行列は、礼拝の重要な機会に必ず行われるのです。その先頭は、十字架のポールを持った礼拝奉仕者が務めます。

　行列の十字架には、行列用ろうそく (Processional Toach) が従います。

バナー (Banner)

　聖堂は神様の家であって、信徒が神様の家族として集まり礼拝を行う尊い場所です。また、聖堂は多くの聖人や信仰の先駆者たちによって建てられてきました。そのような事実を絶えず思い起こすことは、私たちの信仰生活にとって重要な課題でしょう。

　そのため、聖堂は聖人に献げられ、聖人によって守護されると考えられるようになりました。そこで、多くの教会・礼拝堂が特定の聖人の名前をつけて呼ばれているのです。そして、聖堂の守護聖人の絵姿を掲げて、常に思い起こそうとするようになりました。その絵姿をタペストリー (Tapestry) として旗を作り、典礼的行列などの際に先頭をきっていただくのです。

　あるいは、教会の紋章であったり、国王の紋章を織り込んだりする場合もあります。それらは皆、教会や礼拝堂が、どのような模範に従って主イエスに倣う者となるかを象徴的に示そうとするためなのです。

聖職と信徒
The Church, Ecclesia: Lay and Clerical

　教会を成り立たせているものは、礼拝に集まる人びとです。制度や組織は、このように集まる人びとのために、必要に応じて整備されます。集まる人びとによって教会は成立し存在します。

　教会全体が有機的に活動するために、必要な役割が古くから定められるようになりました。多くの信徒たちの中から選ばれた人びとが、教会全体の祝福と承認を得てそれぞれの責任を果たすことになりました。特別な役割を持った人びとを聖職と呼ぶようになりました。

　基本的に主イエス・キリストの信徒である聖職の権限と権威は、責任を果たすためにのみ認められるものです。その責任と権威を担う職務は三つあり、「三聖職位(さんせいしょくい)」と言われています。

主教(しゅきょう)（Bishop, 監督(かんとく) Episcopos）

　三つの職務の第一は主教職です。初代教会の指導の責任を担った使徒(しと)たちの後継者とされている職務です。信仰生活の指導者、とりわけ聖餐式(せいさんしき)の主宰(しゅさい)（The Presidency at the Eucharist）の責任を取り、これに関わる教会のすべての問題に対する最高責任者となる職務です。

　新約聖書に現れる職の名前は「Episcopos」ですが、これは「監督」というべき言葉です。

　教会内外の諸問題を監督する権威と責任を担い、他の司祭たちと協議しつつ、問題の解決の発展に努めます。

　かしこまった敬称は「〜師父」と言います。

司祭 (Priest, 長老 Presbyteros)

聖書では長老（Presbyter）として登場します。聖餐式の主宰を主教から委任されて行うことの他、主教との協議に参加して、教会の活動全般に参加します。また、主教の委任を受けて各教会の責任者である牧師 (p.308) となり、教会の発展に参与します。

「司祭は主教と共に」という言葉があります。司祭は主教から独立した存在ではありません。主教を司祭団の中心として一致した協議体（College）を構成してると言ってよいでしょう。それは同時に、主教も統治者ではなく、司祭と共に、預けられた教区への中核的な奉仕者でならなければならないことを意味します。

かしこまった敬称は「～師」と言います。「神父（Father）」という敬称で呼ばれる場合もあります。

執事 (Deacon, Diaconos)

おそらく教会の奉仕職で最も多忙で重要な職務ではないでしょうか。主教に直属し、主教の主要な職務である聖餐式の主宰を助ける重要な責任を担います。また、信徒を導き、聖餐式への参加を促し、弱くされた人びとや困難の内にある人びとを助ける奉仕の最前線に立ちます。

執事は主教と司祭団に教会の直面する諸問題や課題を積極的に提起して、教会が進むべき道を指し示す先駆の責任者と言えるでしょう。「執事は主教のために」と言われています。

現在、執事職のあり方は歴史と共に大きく変わってきていますが、基本的な執事職の意味は回復されなければならないと思います。主教と司祭団のために、また彼らに責任を果たさせるために、置かれた教区においてすべての人びとのために奉仕するキリストの働きの具現というべきです。

主イエス・キリストが確かに私たちと常に共にいてくださることの具現が執事の働きでしょう。そして、執事はすべて

の信徒と聖職にその方向性を絶えず指し示しているのです。

信徒（Lay people）

　教会の奉仕職は三つの聖職だけではありません。さらに重要な人びとである信徒を忘れてはなりません。信徒も教会の奉仕職と数えるべきです。

　主教、司祭、そして執事も、すべての信徒の中から特別な責任を担った人びとを指しています。信徒はそれら聖職たちと共に、教会の基本的な働きである聖餐式の主要な成員となり、教会のさまざまな奉仕職を、それぞれの立場に立って責任を担う人びとです。

　当然のことですが、信徒のいない教会は存在しません。信徒のいなくなった教会は消滅するのです。信徒は一人ひとり、礼拝に参加することによって教会を成り立たせているという事実を忘れてはなりません。信徒が教会を、教会が信徒を存在させているのです。

信徒の働き
The Lay Ministry

　信徒の働きは多様です。ここでは教会の中、特に実際の礼拝での信徒の働きを見たいと思います。この世での働きはまさに無限の広がりをもっています。私たち自身で開拓していきたいものです。

信徒奉事者（Lay Reader）

　日本聖公会には信徒奉事者と呼ばれる奉仕職が定められています。この職務は、執事に次いで司祭や主教の司祭職を助けたり、時には代理的働きを行ったりする重要な役割です。元は礼拝の中で聖書を朗読する役割をこう呼んでいました。

アコライト（Acolyte）

　キリスト教の礼拝で灯火（とうか）は重要な位置を占めています。初代教会の礼拝が夜中から始められたという意味と、礼拝の中心である主イエスが「世の光」であるという意味から、灯火は必須のものとなりました。灯火を用いる役割を担うのがアコライトです。行列などでは特に活躍する職務です。

侍者（サーバー Server）

　礼拝の司式者、特に聖餐式を主宰する聖職者を助けて、式の進行に大きな役割を担う奉仕です。聖餐式の中で、聖職者が行うと定められている所作以外で、必要なすべての仕事を担当していると言って良いでしょう。

オルガニスト（Organist）、聖歌隊（クワイア Choir）

　キリスト教の礼拝では、音楽が特に重要とされます。礼拝は私たちの全身全霊による献（ささ）げ物ですが、音楽ほどその事実

用語解説－信徒の働き　　305

を明らかにしてくれるものはないでしょう。

礼拝の中でオルガン（Organ）を用いることは、西方教会では中世以来の歴史があります。また、聖歌隊は礼拝に必須とさえ言える大切な礼拝奉仕の業(わざ)です。

聖餐式の主宰者は聖餐式を行うに当たって、一つひとつの式について、教会の意図と礼拝の目的を込めることなど、礼拝のたびごとにその組み立てを、明確な意図をもって行います。オルガニストや聖歌隊は司式者と共に、この組み立てを考える礼拝の実行者となります。礼拝が参加する人びとにとって意味のあるものとなるために、司祭たちとオルガニストや聖歌隊は一致して考えなければなりません。

オルター・ギルド（Alter Guild）

オルター・ギルドは、祭壇、聖卓に仕えて、聖餐式の準備、式後の後片付け、周辺の整備などを担当する人びとのギルド、すなわち同志的なグループを呼ぶ名称です。このような働きよって、私たちの礼拝が整備された秩序あるものとされます。祭服、祭具のすべてを取り扱います。それらを清潔に保つのは当然ですが、絶えず注意を怠(おこた)らず必要なものの準備を万全にする責任を担います。この役割を担う人びとは、祭具室（Sacristy）あるいは、祭服室（Vestry）の責任者であると言えるでしょう。

その他（Others）

教会が礼拝を行っていく上で、以上にあげた人びとが奉仕者としてすぐに思いつきます。しかし、実際に礼拝が滞(とどこお)りなく行われるためには、おそらく教会の信徒全員が参加する共同作業が必要でしょう。アッシャー（Usher）という受付と案内をかねたような働き、献げ物をする役割、それと共に忘れてはならないのは、礼拝堂の清掃、建物の点検などに携(たずさ)わる人びと……一つの礼拝が行われるために実に多数の人び

と、信徒の奉仕が必要であることが分かります。まさに、礼拝は教会全体が一致して行う大切な行為であると言えます。

堅信受領者および現在堅信受領者（旧受聖餐者）

　主教から按手（堅信）を受け陪餐した者を堅信受領者。所属教会で、1年に2回以上陪餐している堅信受領者を現在堅信受領者という。（法規 第57条）

　2016年までは、堅信受領者を受聖餐者と呼称していました。

　2017年以降、陪餐資格の変更があり、洗礼と牧師による指導を条件に、主教から按手（堅信）を受けずとも陪餐が可能になったため用語が変更されました。

信徒代議員

　現在堅信受領者の中から、毎年12月に行われる教会の選挙で選ばれた人、教区会に参加でき、発言権と議決権が与えられる。

　選挙が行われる年の12月1日に満16歳以上の者は選挙権、成年の者は被選挙権を有する（法規 第110条）

教会委員

　現在堅信受領者の中から、毎年12月に行われる教会の選挙で選ばれた人、牧師のもとで、教会の運営に必要な事務をつかさどる。（法規 第146条）

　選挙が行われる年の12月1日に満16歳以上の者は選挙権、成年の者は被選挙権を有する。（法規 第151条）

聖公会の組織・職務・会議

聖公会のおもな組織の名称
・アングリカン・コミュニオン（Anglican Communion）

　全世界の聖公会の連合体。しかし管区間の相互に法的規制力は持ちません。

・管区（Province, Provincia）

　教区の連合体を指します。教区主教の中から聖公会総会での選挙で選ばれた「首座主教（Primate）」が代表者です。

・教区（Diocese, Diocesis）

　日本聖公会では11の教区（北海道・東北・北関東・東京・横浜・中部・京都・大阪・神戸・九州・沖縄）があり、教区内の選挙で選ばれた「教区主教（Bishop of Diocese）」が監督している地域を指します。

・教会区（パリッシュ Parish, Parochia）

　教会区、個教会が司牧責任とする一定の地理的領域。

日本聖公会のおもな職務の名称 （問30～31「聖職」p.199～参照）
・牧師（Rector）

　教会の責任者。教会を代表して司牧する。（法規132条）
　＊明確な規定は無いが主教もしくは司祭が担当

・副牧師

　牧師のもとで職務執行に協力する。（法規133条）
　＊明確な規定は無いが主教もしくは司祭が担当

・牧師補

　牧師のもとでその職務を行う。(法規 134 条)

　＊明確な規定は無いが執事が担当

・管理牧師

　現職の牧師が、なんらかの理由で職務執行が困難な時、または、教会の数より司祭の人数が少ない時、他の教会の牧師が兼任する。職務内容は牧師と同等。(法規 136 条)

聖公会のおもな会議の名称
・ランベス会議

　全世界の主教の協議会。過去 10 年に 1 回程度の頻度で開催されています。

　主教たちが相互に「兄弟的な助言と励まし」を与え合う場であって、参加を強制されることはありません。また、この会の決議は、各管区・教区において法的規制力は持ちません。

・日本聖公会総会

　首座主教が議長を務める管区の最高意思決定機関。定期会は 2 年に 1 回開催される。(法規 72 条)

　主教および各教区会で選挙された聖職代議員および信徒代議員で組織。(法規 75 条)

・教区会

　教区主教が議長を務める教区の最高意思決定機関。定期会は年 1 回以上開催される。(法規 106 条)

　現職の聖職者および各教会で選挙された信徒代議員で組織。

(法規 108 条)

・堅信受領者総会

　牧師が議長を務める教会の最高意思決定機関。定期会は1年に1回以上開催される。(法規138条)

　牧師および16歳以上の現在堅信受領者で組織。(法規140条)

　＊現在堅信受領者とは、主教から按手（堅信）を受け、所属教会で1年に2回以上陪餐を受けた者。(法規57条)

　＊堅信受領者は旧受聖餐者のこと。(2017年1月1日改訂)

・教会委員会

　牧師が議長を務め月に1回以上開催される。(法規147条)

　牧師および教会で選挙された信徒で組織。(法規144条)

　教会の意思決定機関では無く、教会運営に必要な事務をつかさどる。(法規146条)

聖書の種類

旧約聖書

　ユダヤ教において、神との契約を始めとして神と人間との出会い、関わり方を書き記した複数の文書をまとめたもので、「律法」「預言書」「諸書」の3つに分類され、全39巻で構成されています。

　イエスが地上に降りる前にまとめられた書物で、キリスト教では「旧い約束」という意味で「旧約」と呼んでいますが、イエスは「『律法』や『預言者』を廃止するためではなく、完成するために来た」（マタイによる福音書 第5章17節）と明言されているので、旧い契約と表現しても、キリスト教が軽視している書物ではありません。新約聖書において「聖書」と書かれているのは、すべてこの旧約聖書を指しています。

新約聖書

　イエスが地上に降りた後に、イエスを信じる人びとによって書かれた文書をまとめた書物です。キリスト教ではイエスの地上での活動によって、神と人間の間で新たに契約がなされたと考えているため、「新しい約束」という意味で「新約」と呼んでいます。イエスの活動を直接的に記した4つの福音書と、使徒たちの行いを記した「使徒言行録」や使徒たちが書き残した手紙など使徒書と呼ばれる文書のグループからなり、全27巻で構成されています。

旧約聖書続編

　ヘブライ語の旧約聖書の他に、ギリシャ語を用いるユダヤ教徒が聖なる書物として受け継いだギリシャ語の文書です。ユダヤ教では紀元90年代に正典から除外されましたが、聖公会、ローマ・カトリック教会、東方教会では、正式な聖書

として認め用いています。

日本語訳聖書

聖書の原典は、おもに旧約聖書がヘブライ語、新約聖書がギリシャ語によって書き記されているので、聖書をより身近にするためには翻訳をする必要があります。

日本では、古くから宣教師たちによって聖書の日本語訳がなされてきましたが、明治維新に信教の自由が認められたことによって、様々な日本語訳の聖書が作られました。21世紀に入ってからも、より適切な文章になるように改めて翻訳し直す活動が続いています。

・新共同訳

日本聖書協会から1987年に出版された日本語訳聖書で、様々な教派で幅広く用いられている聖書です。

日本聖公会、プロテスタントの諸教会とローマ・カトリック教会の協力により翻訳プロジェクトが発足し、それまで異なる聖書を用いてきた教派間の一致のために作成された日本語訳聖書で、日本聖公会の礼拝で正式に採用されています。

・新改訳

日本聖書刊行会より1970年に初版が発行された、プロテスタント福音主義の立場に立つ委員会訳の、旧約聖書続編を含まない66巻の書からなる日本語訳聖書です。何度かの改訂を経ており、2017年に新たな改訂版が出版されました。

聖書の歴史キーワード

ユダヤ教、ユダヤ人

　ユダヤ教は、現在のイスラエル・パレスチナ地域を中心に、何千年もの歴史の中で形成されてきた宗教です。いわゆる旧約聖書を神との契約を記した聖典と捉え、それと伝統的な生活習慣の中での教えに従い、「唯一の神」を信じてきました。この教えを信じる人びとのことをユダヤ人と呼びます。

　キリスト教は元々、このユダヤ教の中から始まった活動でした。イエスを、救い主であり「子なる神」と見なすかどうかについて意見が分かれ、次第にユダヤ教とキリスト教として異なる宗教になっていきます。

イスラエルの民(たみ)

　旧約聖書「創世記」に記された、アブラハムの孫ヤコブ（別名イスラエル）の子孫とされる民族です。一時はエジプトで奴隷とされ、指導者モーセの時にエジプトから脱出（旧約聖書 出エジプト記）して、現在のイスラエル・パレスチナ地域に住みつきました。

　大きく分けて12の支族があり、ユダ族（ユダヤ）はそのうちの最有力支族で、のちにはイスラエルの民を総称して（同化・統合したとも言われます）「ユダヤ人」と呼ぶようになりました。

　新約聖書や礼拝の祈祷文の中で、「み民(たみ)イスラエルの栄光」（「シメオンの賛歌」、祈祷書 p.39、ルカによる福音書 第2章29～32節）のように「イスラエル」という言葉が用いられていますが、これは現在における国家・地名としてのイスラエルのことを指しているのではありません。むしろ、キリスト教においては、主(しゅ)を信じ主(しゅ)に連なる人びとのことを指します。

エルサレム

ダビデ王が建てた古代イスラエル王国の都で、古代から現代に至るまで、聖なる都として特別な意義を持っています。この言葉についても、教会においては地名としての意味を超えて、「見えざる神の都」という意味をも含んでいます。

ヘブライ語

古代ユダヤ人の主言語で、イエスの活動した時代には特に、エルサレムにあった神殿において用いられていました。そのため、旧約聖書（「続編」を除く）の原典はヘブライ語で書かれています。

中東地域の共通語としてシリア発祥のアラム語（ヘブライ語とは近縁言語）が普及したことや、ローマ帝国の侵略によって、1世紀～2世紀頃には日常語としてはほぼ死語になってしまいますが、その後も世界中に移住したユダヤ人の間で典礼言語として用いられてきました。20世紀初頭に日常語として現代ヘブライ語が復興され、今ではイスラエル国の公用語として用いられています。

ギリシャ語

イエスの活動していた頃から初代教会の時代において、現在のギリシャのみならず、シリアからエジプトに至るまでの地中海東岸地域で、知識人たちの共通語として広く用いられていました。そのため、新約聖書の原典はすべてギリシャ語の文書で残されています。

ラテン語

古代ローマ帝国において用いられた言語です。その後も中世ヨーロッパで共通語として用いられ、現在でも典礼用語として用いられ続けています。様々な言語の語源となった言葉です。

よく使われる外国語

メシア (Messiah)

ヘブライ語で「油注がれた者」という意味です。古代イスラエルでは油は聖霊の象徴で、王になる人の頭に油を注いで任命しました。

そこから、異民族の圧政や不正な支配を打ち倒して民を解放する救世主として、祭司と預言者を兼ねる理想の王がやがて到来するという信仰が生まれました。

キリスト (Christ / Χριστός)

ヘブライ語「メシア」のギリシャ語訳で、本来の意味は「油注がれた者」という意味ですが、一般的には「救世主」を意味する言葉です。「主イエス・キリスト」という言葉は、イエスを救世主として認める信仰告白です。

クリスチャン (christian)

新約聖書では、イエス・キリストを自分たちの主と告白する人びとが「クリスティアーノス」(χριστιανός / christianos) と蔑称で呼ばれていたことが記録されています（使徒言行録第11章26節、ペトロの手紙 第一 第4章16節）。

この言葉には、「キリストに倣う者」という意味が込められています。（問4、p.47 も参照）

この英語読みがクリスチャンです。「キリスト者」などと日本語訳する場合もあります。

アーメン (Amen / Αμήν)

元々は、ヘブライ語で「確かである」「堅くする」という意味の言葉です。

祈りの最後に唱える「アーメン」は、「この祈りは本当の

事であり、祈りに応えてくれる」という信仰姿勢から、「そうなりますように」という意味合いで用いられています。

また、ヘブライ語の本来の意味から、「同意します」といった意味でも用いられます。

ハレルヤ (Hallelujah, Alleluia / Αλληλούια)

元々は、ヘブライ語で「ハレル」(「ほめたたえよ」)と「ヤ」(神の名の短縮形「主」)からくる言葉で、「主をほめたたえよ」という意味です。喜びの時などに、神への感謝を込めて用いられます。

ラテン語風に「アレルヤ」という場合もあります。

ホサナ (Hosanna)

元々は、ヘブライ語で「お救いください」という意味です。旧約聖書の詩編に用いられ、「今、救ってください」と神に助けを求める祈りから、賛美(さんび)の言葉として定着しました。

イエスがエルサレムに入城する時に、群集が叫んだ言葉でもあります(マタイによる福音書 第21章9節 他)。

ミサ (Missa)

おもにローマ・カトリック教会において、聖餐式を表す言葉です。稀(まれ)に日本聖公会でも使われることがあります。語源は、聖餐式の最後に「派遣(はけん)と出発」の宣言として唱えられるラテン語の言葉「Ite, missa est.」(イテ ミサ エスト)に由来します。

アルファ・オメガ (ΑΩ)

アルファ(Α)はギリシャ文字の最初、オメガ(Ω)は最後の文字です。キリストは人間イエスとして1世紀のイスラエル・パレスチナ地域に生きただけでなく、それ以前にも「世々の先に父から生まれ」(ニケヤ信経)、復活・昇天して以降も「世

の終わりまでいつも共におられる」（マタイによる福音書 第28章 20節）、「始まりであり終わり」（ヨハネの黙示録 第22章13節、イザヤ書 第44章6節 他）であるという永遠性を表すシンボルマークです。

キーロー （XP/☧）

キリストのギリシャ語ΧΡΙΣΤΟΣ（Christos）の頭二文字・キー「Χ」とロー「Ρ」、またその二文字を重ねた記号で、キリストを表すシンボルマークです。ラテン語でラバルム（Labarum）とも言います。

アガペー （agape / αγάπη）

聖書においては、愛、とりわけ神の愛を表現します。

ロゴス （Logos / Λόγος）

「言葉」などを意味するギリシア語です。新約聖書上や神学的な分野においては、「神の言(ことば)」（ヨハネによる福音書 第9章1～14節）すなわち「世界を構築する真理・根本秩序＝ロジック（Logic）」である、子なる神という存在＝主イエス・キリストご自身を意味します。

チャプレン （Chaplain）

学校や病院等に附属する礼拝堂（p.322参照）や、特定のグループを担当する聖職者のことです。

その他の用語

贖い(あがない)

本来は「買い戻す」という意味です。

「罪」は「何かを壊す」ことであり、「贖い」は「壊したものを復旧する(形を元に戻す)」という意味で用いられます。

例文としては「イエスは、私たちの罪を贖ってくださった」となり、これは「イエスは、自分の命を捨てて罪を洗い流してくださった」という意味です。

按手(あんしゅ)

旧約聖書以来の典礼的慣行で、一定の任務を与える時、引き受ける人の頭に手を置いて任命する行為 (p.194、p.172) です。

寡婦(かふ)

結婚した後に夫を亡くし、独身となった女性のことです。「未亡人(みぼうじん)」とも表現されます。

教会(きょうかい)(チャーチ)

主イエスを自らの生きる模範(もはん)とし、その生に従って生きようとする人々の集いです。

教派(きょうは)

キリスト教会の様々なグループのことです。仏教で言う「宗派」に近い概念です。「群(むれ)」という言い方もあります。

教父母(きょうふぼ)

洗礼を受ける方の信仰生活を支えるために立てられる、教会の父母です。幼子の洗礼には、男子には教父二人、教母一人。女子には教父一人、教母二人。壮年の洗礼には、少なく

とも教父母二人立てることが定められています(祈祷書 p.272)。

教名（クリスチャンネーム）

洗礼を受ける時、または教名の習慣がない他教派からの転会の時に授かる、クリスチャンとしての名前です。聖公会においては、聖人や、聖書の人物、天使の名前を用いることが主流で、教父母によって命名されます。

「霊名」や「聖名」と訳されることもあります。

公会議

全世界の教会から正規の代表者が集まって、「教義・典礼・教会法」などについて話し合いや確認が行われた、キリスト教全体の最高会議のことです。

第1回は325年にニケヤで行われ、第2回：381年・コンスタンティノープル、第3回：431年・エフェソス、第4回：451年・カルケドンの以上4回を、聖公会では正式に有効性を認めています。

ローマ・カトリック教会では、第21回（1962〜1965年・第2バチカン公会議）までを公会議と位置づけていますが、聖公会は第5回以降を「地方会議」と位置づけ、「公会議」としての有効性は認めていません。

個教会

一定の地理的範囲において司牧的責任範囲をもった人々（クリスチャン）の集団を指します。一人の司牧責任者(牧師)と、通常5名以上の信徒の集団を指しています。

賛美（讃美）

神の偉大さ・素晴らしさを誉め讃えることです。

使徒(しと)

原語のギリシア語は「apostolos」で「派遣された者」という意味です。

イエスによって選ばれた「**十二使徒**」やパウロが有名です。

パウロは、「復活した主イエスの証人であること」「主イエスに使徒として召されたこと」を使徒と定義しています。

主(しゅ)

ユダヤ教、キリスト教において、「神」と同じ意味です。

ヘブライ語で、神の名をあらわす神聖な4文字「YHWH」は、偉大で神聖な名前であることから、ユダヤ人は直接的に発音することをしてきませんでした。代わりにヘブライ語で「支配者」「主人」を意味する Adonai と読み替え、英語で「LORD」と翻訳され、日本語では「主(しゅ)」と翻訳されました。

修道士(しゅうどうし)

自分の人生の中心を神への祈りに専念することを誓約した人のことです。女性の場合は**修道女**と呼ばれます。

修道士・修道女が共同生活をする施設を**修道院**と言います。生涯を修道規則を守って修道院の中で過ごす(レギュラーレス)修道士と、学校や孤児院の経営など修道規則を守りながら社会的な活動を行う(セキュラーレス)修道士がいます。

自由民(じゆうみん)

現代でいうところの「市民権」を有している人です。自由に使える金銭(資本)と土地(農地)や店舗などの私有財産・生産手段、また政治への参加権を有していることなどで、**奴隷**と違いがありました。

主日(しゅじつ)

日曜日のことです。日曜日は主イエス・キリストが復活し

た日であることから、文字通り「主の日」として用いられます。イエスの復活を記念して、教会に集まって聖餐式(主日礼拝)を行います。

「安息日」(創世記 第2章2～3節、出エジプト記 第20章8～11節)と混同されがちですが、元々の安息日は土曜日です。

初代教会

ローマ帝国によるキリスト教会の公認に至るまでの約300年の期間、キリスト教会の初期の活動期間を指します。

神性

イエスは「完全な人間」であり「完全な神」であると説かれています。神性とは、人間が知覚できる中でイエスの神の部分を指して用いられます。

信徒／会衆

信徒とは基本的に、洗礼を受け、特定の教会に連なる人びとのことです。いっぽう**会衆**とは、礼拝の時に教会に集まった人びとのことです。この場合は洗礼を受けているかどうかは問われません。

崇敬

聖人、天使や、イエスの像・十字架などの信仰のシンボルに対して、敬意を持って向き合ったり、自分の人生の手本として見習うために尊敬することです。神そのものに対しての「崇拝」とは厳密に区別されます。

聖歌

礼拝の中では、信仰に関する多くの文章が歌としてうたわれます。礼拝の典礼文・祈祷文に節をつけて朗唱すること、または旋律を付けて歌にしたものが**チャント**(Chant)、全員

で歌うために新たに作られた歌が**ヒム**（Hymn）と呼ばれ、特に後者を指して賛美歌（讃美歌）と呼ぶ教派もあります。

聖人／聖徒

神から特別な役割を与えられた人物を**聖人**と呼びます。代表例としては、**主の母聖マリヤ、十二使徒、福音記者**などで、詳しくは祈祷書 p.6〜7「上記以外の祝日」を参照してください。その他、日本聖公会が記念する「小祝日」の一覧（祈祷書 p.11〜15）も参照してください。

「聖徒」という言葉も語源は同じですが、さらに広く、洗礼を受けたことにより神に結ばれて「聖なる人」となったすべてのクリスチャンのことを指します。（問5「聖なる」、p.67 も参照ください）

聖堂／礼拝堂

聖堂は、**教会（チャーチ）**が礼拝に使うための建物です。

礼拝堂（チャペル）は、学校や病院などの施設に附属する礼拝施設を指します。（教会の聖堂を「礼拝堂」と呼ぶ場合もあります）

聖別・祝別

信仰生活にかかわるさまざまなものを神に捧げ、祝福して、他のものと区別して聖なるものとすることです。聖奠に用いる聖水、聖油のほか、教会の建物（聖堂・礼拝堂）や祭具などに対して行われます。（問5「聖なる」、p.67 も参照ください）

聖霊の賜物

聖霊とは神のさまざまな働きと力の基（問4、p.57〜も参照）と理解され、人々の働きにおける実行力や意欲に対して、神からの力が聖霊を通して与えられる、と理解します。

宣教師(せんきょうし)

教会から派遣されて、非キリスト教地域にキリスト教信仰を伝えようとする人々のことです。

陪餐(ばいさん)

聖餐式(せいさんしき)において、聖別されたパンとぶどう酒を受け取って飲食(**拝領**(はいりょう))する行為。

万人祭司(ばんにんさいし)・万民祭司(ばんみんさいし)

宗教改革においてルターが提唱した重要な認識です。すべてのクリスチャンは主イエスのもとにあって、その後継者としての位置を与えられ、イエスの行った全ての行為を継承し、実行する者として召されているとの確信を表現します。

被造物(ひぞうぶつ)

神によって造られた、目に見えるものと、目に見えないもの(天使・悪魔・魂など)を含む、すべてのものです。言い換えると、父・子・聖霊なる神を除くあらゆる存在ということです。

ファリサイ派

ユダヤ教の一派で、イエスが地上で活動していた頃に、ユダヤ人の一般民衆へ教えを説く活動をしていた人たちです。イエスとの問答(もんどう)や論争などが新約聖書の中に記されています。

福音(ふくいん)

ギリシャ語エウアンゲリオンに由来する言葉。エウ「良い状態」+アンゲリオン「知らせ」で「良い知らせ」という意味です。

イエスの十字架の死と復活後、弟子たちがイエスの教えは人類が救われる「喜ばしい知らせ」として、世界に広める上で用いられました。

用語解説ーその他

福音書
ふくいんしょ

おもにイエスの言動が記された「イエス物語」がまとめられた書物です。こういった書物は現在では数十個確認されていますが、新約聖書の正典としては、福音記者**マタイ・マルコ・ルカ・ヨハネ**による4つが採択され収録されています。

分餐
ぶんさん

聖餐式において、パンとぶどう酒を人々に分け与える行為。

み言葉
ことば

聖書に記された神からのメッセージを、敬意を込めて呼ぶ言葉です。聖句とも言います。

また、「神の"言"＝ロゴス」である主イエス・キリストを指す言葉でもあります（p.317「ロゴス」も参照）。

黙想・黙祷
もくそう・もくとう

礼拝の中で、または日々の生活の中で、口に出さずに神の教え・導きに思いを巡らし、神のメッセージに耳を傾けたり、様々な事柄に関して祈ることです。

預言者
よげんしゃ

神からのメッセージ（言）を直接預かった人のことです。
「言」を「予測」する「予言者」とは明確に区別されます。
十戒を託されたモーセを始めとして、イザヤ、エレミヤ、エゼキエルなどが有名です。

ヨベルの年
とし

旧約聖書の律法(レビ記 第25章,申命記 第15章1〜18節)に規定された大恩赦の年です。当時、7年ごとに畑を休ませる「安息年」があり、それを7回繰り返した次の年である50年目

をヨベルの年といい、畑を休ませるだけでなく、借金が帳消しになり、売却されていた土地が返還され、奴隷(どれい)も解放されました。

　土地も人も財産も、神に属するものとして、50年に一度、強制的に全てリセットされ、神への「原状回復」を意味します。

律法(りっぽう)

　ユダヤ教、キリスト教における宗教・生活上の規範です。
　おもに旧約聖書のモーセ五書(「創世記」「出エジプト記」「レビ記」「民数記」「申命記」)に記されています。
　ヘブライ語「トーラー」の和訳語です。

臨在(りんざい)

　主イエスご自身が、現在「この場」におられる、と信じる信仰的状況です。

索引(さくいん)

あ

アーメン 315
愛 91-95, 103, 317
証し 21, 51, 180, 190
アガペー 317
贖い 46, 50-53, 318
悪 104-105, 135, 217
握手 170
悪の力 135, 217
アコライト 305
アドベント 272
油 169, 179, 285, 315
洗い清める 126-129
アレクサンドリア 238-239
アングリカン・コミュニオン 4, 9, 308
アンティオキア 238-239
按手 121-122, 165, 171-172, 194, 283-284, 307
安息日 321

い

イースター 277
イスラエルの民 91, 126-127, 214, 313
一致の行為 286
いと、小さきもの 158
命の与え主 36, 57-58

う

歌ミサ 295

え

永遠の命 34, 131, 133, 142
エクレシア 19-23
エジプトの地 87
エルサレム 314

お

幼子 317
幼子の洗礼 137
オルガニスト 305
オルター・ギルド 306

か

会衆 321
各自の祈り 88
寡婦 318
神に呼び集められた民 217
神の戒め 87, 97
神の家族 19, 26, 91, 131-132, 137
神の義に生き 131
神の国 215, 220-222, 249, 280
神の子 214-215
神の小羊 294
神の助け 88, 108
神の民 23, 36, 57, 112, 165, 180, 190, 211, 216
神のみ言葉 74-79, 102, 186
神の業 54, 72, 103, 184, 192

神への応答 102, 138, 143
管区 308
感謝聖別 145, 293, 298
感謝の祈り 144, 293-294
監督 195, 302, 308
管理牧師 199-201, 309

き

祈祷書 7-10, 237, 244-245
祈祷書台 297
祈祷書による教会の統一 244
祈祷書の意味 243
祈祷書の歴史 237-238, 241
希望 220
キャンドルマス 273
旧約聖書 87, 311
旧約聖書続編 74-76, 311
旧約聖書の朗読 291
教会委員会 310
教会区 308
教会の運営 185, 188, 307
教会の基礎 287
教会の形成 21
教会の責任者 198-199, 303, 308
教会暦 275
教区 308
教区会 309
教区主教 197-199, 308
兄弟 93, 309

326

教名 319
教父母 138, 318
行列用十字架 301
キリエ 290
ギリシャ語 314
キリスト者の希望 220-221
キリストとの一致 141
キリストの体 19, 25, 141, 214
キリストの再臨 220
キリストの血 145
キリストのみ定め 141-142
キリストの和解 180

く

悔い改め 135-138, 221
クリスチャン 220, 315
クリスチャンネーム 319
クリスマス 273
クリーデンス・テーブル 297
クルーエット 297
グロリア 290

け

契約 173, 200, 311, 313
結婚 114, 173
献金 187-188, 293
顕現 272
顕現節 273
顕現日 273
堅信 172, 307
堅信受領者総会 310
現代の巡礼 252

こ

香入れ 300

公会議 32, 241, 319
公祷 112-114
降誕節 273
降誕日 273
降臨節 272
香炉 300
コーポラル 298
個人懺悔 176, 284
子 54, 158
子なる神 36, 45, 54, 313, 317
コンスタンティノープル 32, 238-239

さ

サーバー 305
最後の晩餐 143-156, 194, 203, 211, 235, 237, 286
祭具 297
祭色 280
祭服 281, 306
再臨 220
サクラメント 118-119
サクラメントの正当性 167
懺悔 176
参入 290
三位一体 61-62
三位一体主日 279

し

志願者 172, 274
司祭 197, 303
司祭団 202, 275
執事 20, 203, 207, 303
使徒 64
使徒書の朗読 291
使徒信経 31-36

死と復活 106, 124, 127, 279
シボリウム 297
主イエス命名の日 273
主イエス変容の日 279
自由 149
自由意志 184-185
十字架 48-51, 247
自由祈祷 237
侍者 305
修道士 320
主教 64, 194, 302
受苦日 276
祝別 275, 278
主日 142
主の祈り 98-99, 294
主の祈りの構造 99-100
主の晩餐 84, 143-156, 287
十戒 87-88
受難 272-275
巡礼 247-249
昇天 194, 247, 272, 316
昇天日 278
燭台 299
女性 55-57
諸聖徒日 279
新改訳 312
新共同訳 312
信仰 31, 36, 74
信仰共同体 33, 91, 113, 131, 258, 282
信仰告白 31-33, 101-103, 315
信仰の教育 239
神性 321
信徒 180, 185, 304-307
信徒の心得 185
信徒の働き 305

索引　327

信徒奉事者 305
新約聖書 76, 82, 311

す

過越の祭 132, 148
救い 115
救い主 135, 142, 248, 275, 313
救いの道 153, 167-171, 176, 284

せ

聖遺物 251-253
聖歌 287
聖歌隊 305-306
聖金曜日 276
聖公会の会議 308
聖公会の職務 308
聖公会の組織 308
聖婚 173
聖皿 297
聖餐 141-142, 154
聖餐式 81, 147, 160-161
聖餐式の形 295
聖餐式の流れ 290
聖週 52, 275
聖書 74-85, 311
聖職 170, 172, 190-208, 302
聖職按手 172, 190, 275, 284
聖人 249, 321
聖奠 115-122, 164, 282
聖奠的諸式 165, 283
聖徒 322
聖土曜日 276
聖なるかな 293
聖なる公会 63-69, 112
聖なる三日間 275

聖杯 297
成文祈祷 237
生命 225-236
聖木曜日 275, 300
聖油入れ 300
聖霊 32, 36, 57, 61, 129, 322
聖霊降臨後の節 279
聖霊降臨日 278
聖霊の宮 19, 26
説教 291
洗礼 121, 124-140, 318-319

そ

荘厳ミサ 296

た

大栄光の歌 290
大斎始日 274
大斎節 274
退出 294
代祷 292
タバナクル 299
タバナクル・ランプ 299
旅する教会 247-253
賜物 180

ち

父なる神 42
父と子と聖霊 36, 129
チャリス 297
チャリス・ヴェール 298
長老 197, 303

つ

仕える者 142
罪 48, 128, 131, 135
罪の清め 142

て

点灯 290

と

トーラー 325
同時性 104-109
特祷 291
隣り人 88
塗油 177, 285, 300

に

ニケヤ信経 31-33, 292
日本語訳聖書 312
日本聖公会総会 309

は

バース 298
陪餐 294, 307, 310
灰の水曜日 274
ハイ・マス 296
パテン 297
バナー 301
パリッシュ 308
ハレルヤ 316
万人祭司 113, 323
万民祭司 323
パン 154, 169, 297

ひ

被献日 273
日ごとの糧 98, 100
羊飼い 291
人の力 87, 95
人の業 192
ピューリフィケーター 298
病床聖餐用祭具 300

328

病人の按手および塗油 165, 171, 177
ピルグリム 249

ふ

ファリサイ派 323
福音 115
福音書朗読 291
副牧師 201, 308
復活 124, 320
復活節 278
復活日 277
ぶどう酒 127, 141, 154, 169, 324
ブレッド・ボックス 297
分餐 208, 324

へ

平和の挨拶 292
ヘブライ語 314
ペンテコステ 278-279

ほ

ポール 298
奉献 208, 293
奉仕の業 211-212, 217
牧師 199, 308
牧師補 309
ホサナ 316

み

み国を継ぐ者 214
ミサ 316
水 87, 126, 168

め

召される 210-211
目に見えるしるし 115, 118, 132, 209

目に見える外のしるし 126, 141

も

モーセ五書 325
モーセの十戒 88
黙想・黙祷 324

ゆ

ユーカリスト 21, 81, 151, 160
ユダヤ教 313
ユダヤ人 313
指輪 170, 174-175, 252
赦し 103

よ

預言者 88, 210, 311, 315
ヨベルの年 324

ら

ラヴァボ・タオル 298
ラヴァボ・ボウル 298
ラテン語 314
ランベス会議 309

り

律法 88, 311, 324

る

ルブリック 254-261

れ

霊の恵み 131, 141, 155
礼拝 24, 187
レント 274

ろ

ろうそく 277, 278, 290, 294, 299, 301
ロゴス 317, 324
ロー・マス 295

わ

わたしたちの務め 217

著者：竹内 謙太郎
たけうち けん た ろう

1931 年　東京に生まれる
1955 年　慶応大学文学部史学科卒業
1958 年　聖公会神学院卒業
1958 年　聖公会執事叙任
1959 年　聖公会司祭叙任
1961 年　米国聖公会特任司祭としてコーネル大学に勤務
1962 年　日本聖公会東京教区学生運動主事
1974 年　日本聖公会東京教区聖三一教会牧師
1995 年　日本聖公会東京教区聖アンデレ教会牧師
2002 年　定年退職
2006 年　日本聖公会東京教区聖テモテ教会嘱託 (2014 年まで)

在職中、以下などを歴任
　日本キリスト教協議会議長
　日本聖公会女性聖職実現のための検討委員会委員長
　日本聖公会女性の聖職実現に伴う諸問題を調整する委員会委員長
　日本キリスト教協議会国際関係委員会委員長
　日本キリスト教協議会中国委員会委員長
　民間団体"中国に緑を"基金の理事

現在、「日韓神学院」の働き、キリスト教の展望「未知のパラダイム」構想に、また、教会の礼拝・祈祷書の研究に熱意を傾けている。

著書一覧
　『城壁』 1994 年　聖公会出版
　『教会に聞く』 1998 年　聖公会出版 (2003 年　第 2 版)
　『私たちと礼拝』(写真：竹内淑子) 2003 年　聖公会出版
　竹内謙太郎説教集『愛を生きる 下』―わが父母われをすつるとも―
　　2003 年　万葉路、竹内聖書研究会
　竹内謙太郎説教集『愛を生きる 上』―わが父母われをすつるとも―
　　2005 年　パクス・エト・ボヌム書房

みつば新書

みつば舎（はるかぜ書房 キリスト教部門）
http://3-ba.com E-mail: info@3-ba.com

教会に聞く 〈2018年改定新版〉
――日本聖公会の教会問答を読み解く――

平成30年（2018年）2月2日　初版第一刷発行

著　者：竹内　謙太郎
編　集：みつば舎（はるかぜ書房 キリスト教部門）
発行者：鈴木　雄一
発売元：はるかぜ書房株式会社
　〒140-0001 東京都品川区品川区北品川1-9-7-1015
　TEL 050-5243-3029　DataFAX 045-345-0397
〈印刷・製本〉株式会社エーヴィスシステムズ
ISBN 978-4-9908508-3-8

落丁本・乱丁本はお取替えいたします。
本書のご感想を歓迎いたします。「みつば舎」宛にお送りください。